素书新解

全译本

［汉］黄石公 —— 著

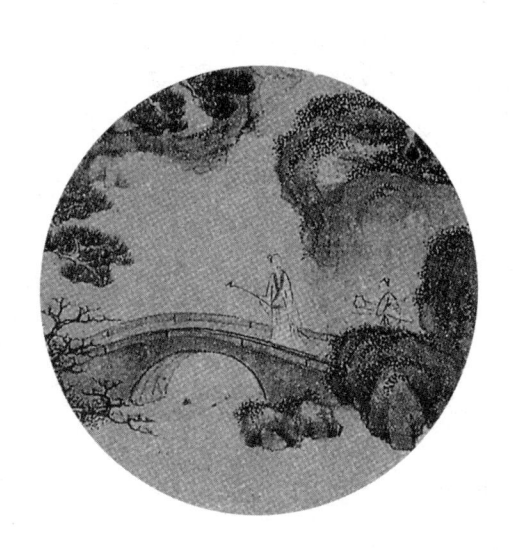

石淼 —— 译注

民主与建设出版社
·北京·

© 民主与建设出版社，2023

图书在版编目（CIP）数据

素书新解全译本 /（汉）黄石公著；石淼译注 . —北京：民主与建设出版社，2017.5（2023.9重印）
 ISBN 978-7-5139-1474-1

Ⅰ.①素… Ⅱ.①黄… ②石… Ⅲ.①个人 - 修养 - 中国 - 古代 ②《素书》- 译文 ③《素书》- 注释 Ⅳ.①B825

中国版本图书馆 CIP 数据核字（2017）第 069500 号

素书新解全译本
SUSHU XINJIE QUANYIBEN

著　者	（汉）黄石公
译　注	石　淼
责任编辑	程　旭　周　艺
封面设计	小徐书装
出版发行	民主与建设出版社有限责任公司
电　话	（010）59417747　　59419778
社　址	北京市海淀区西三环中路望海楼E座7层
邮　编	100142
印　刷	三河市双升印务有限公司
版　次	2017年5月第1版
印　次	2023年9月第2次印刷
开　本	880mm×1230mm　1/32
印　张	8.25
字　数	206千字
书　号	ISBN 978-7-5139-1474-1
定　价	48.00元

注：如有印、装质量问题，请与出版社联系。

/ 译者简介 /

石淼（石定坤）

管理学博士

北京大学特聘教授

蒋氏玄空堪舆第 24 代传人

中华（香港）奇门遁甲研究院院长

被国际认可并邀请讲学的奇门遁甲专家

2012 年，阿里巴巴董事局主席马云为其著作《演说——影响力》写序

2015 年 1 月，受邀到美国加州大学讲学，用英语讲解奇门遁甲

对有"天书""奇书"之称的《素书》颇有研究

前言

《史记·留侯世家》》上记载了这样一个故事：秦朝末年，举国大兴土木，民不聊生。张良刺杀秦始皇未成，逃亡至东海下邳。有一天，张良在下邳的一座桥上碰到一个奇怪的老人。他走到张良的身边，故意把鞋脱了丢到桥下，然后傲慢地命张良给他去捡鞋。张良忍住心中不满，替他把鞋取了上来。没想到，他又抬起脚来，命张良给他穿鞋。张良气愤不已，但还是强压怒火，帮他穿好了鞋。老人未再多说，而是仰面长笑而去。走出百米之后，又折返回桥上，对张良赞叹说："孺子可教也。"并约张良五天后的凌晨再到桥头相见。

之后，老人又几番考验张良的耐心，并最终将一本奇书送给了他。张良得此书后日夜研读，慢慢体悟到了其中的大智慧，后加以灵活运用，最终辅佐刘邦破秦兵、灭项羽，建立了盖世之功。这个老人便是黄石公，这本书便是为称为天下奇书的《素书》。

张良死后，《素书》随同下葬。直到西晋末年，天下大乱，张良的墓被盗挖，盗墓人在他的玉枕下面发现了这本书。书上写着："不许传于不道、不神、不圣、不贤之人；若非其人，必受其殃；得人不传，亦受其殃。"如果不是这个盗墓贼歪打正着，《素书》或许就永远没有重见天日的机会了。

《素书》分原始、正道、求人之志、本德宗道、遵义、安礼六章，共一百三十二句，一千三百三十六个字。内容涉及治国安邦、修身养性、为人处世之道等多个方面，可谓句句箴言。

《素书》全书六章共讲了五个问题：

其一，阐明了道、德、仁、义、礼五位一体，密不可分及"潜居抱道，以待其时"的处世哲学，以此说明，一个智者只要具备了道、德、仁、义、礼五种品格，再逢机遇，定可建立绝世之功。

其二，阐明了用人的原则，书中依据才学、气质之不同，将人才分为俊、豪、杰三类，认为"任材使能，所以济物""危莫危于任疑""既用不任者疏""用人不正者殆，强用人者不畜"，这些用人智慧都是千古不变的生活经验的总结，在任何时代都不会过时。

其三，书中从思想和行为两方面提出了如何加强个人修养的建议。告诫人们要"博学切问""恭俭谦约""近恕笃行""亲仁友直"，这和儒家亲仁的理念不谋而合；另外，书中提出的"绝嗜禁欲""抑非损恶""设变致权""安莫安于忍辱""吉莫吉于知足"等理念，又具有道家思想的成分。可谓儒、道兼收并蓄，反映出本书思想的开阔。

其四，书中总结了安邦治国的智慧经验。"短莫短于苟得"，是反对短期的盈利举措；"后令缪前者毁"，是强调政策需要具备有连续的可执行性；"足寒伤心，人怨伤国"，则强调失民心者失天下。这些智慧对于后人立身安邦都具有极大的启迪和借鉴作用。

其五，作者阐述了自己的处世之道。提出"好众辱人者殃，戮辱所任者危""慢其所敬者凶""轻上生罪，侮下无亲""上无常守，下多疑心""近臣不重，远臣轻之"等道理，给如何处理好各种关系提出了建议。

大凡一个国家的政治、军事，都是以"人"为主体的活动，都与个人的修养以及能否协调好个人与个人、个人与群体之间的关系有着千丝万缕的联系。在古人看来，修身、齐家、治国、平天下的程序是不可打乱的，因此本书举凡天下大事，无所不谈，但无一不立足于以人为本。

《素书》原著论点鲜明，却无论证，个中道理全在读者自己体悟。宋代徽宗时宰相张商英对《素书》颇有研究，曾为其作序，被后世认为是对这本千古奇书系统、权威的介绍，称为"原序"。因此正文中保留了张商英对各章节的点评之语，是为"张氏注曰"。另正文中"王氏点评"中的王氏为清代一位学者，他也曾注释过《素书》，但名字已不可考。

《素书新解全译本》对原著加以注释、翻译，解读，文字流畅，翻译简易明白，以独到的视野和朴素的笔调，对《素书》中的思想加以深入的解读，从为人处世、人际交往、工作态度、企业管理等方面为人们提出了许多切实可行的建议。其中，每一次提点都切中要害，一针见血，读来如醍醐灌顶，令人豁然顿悟，是一部难得的帮助人们走出生活与工作困惑的精品之作。

序

宋·张商英

《黄石公素书》六篇，按《前汉列传》黄石公圯桥所授子房《素书》，世人多以"三略"为是，盖传之者误也。

晋乱，有盗发子房冢，于玉枕中获此书，凡一千三百三十六言，上有秘戒："不许传于不道、不神、不圣、不贤之人；若非其人，必受其殃；得人不传，亦受其殃。"呜呼！其慎重如此。

黄石公得子房而传之，子房不得其传而葬之。后五百余年而盗获之，自是《素书》始传于人间。然其传者，特黄石公之言耳，而公之意，其可以言尽哉。

余窃尝评之："'天人之道，未尝不相为用，古之圣贤者皆尽心焉。尧钦若昊天，舜齐七政，禹叙九畴，傅说陈天道，文王重八卦，周公设天地四时之官，又立三公以燮理阴阳。孔子欲无言，老聃建之以常无有。'《阴符经》曰：'宇宙在乎手，万物生乎身。道至于此，则鬼神变化，皆不逃吾之术，而况于刑名度数之间者欤！'"

黄石公，秦之隐君子也。其书简，其意深；虽尧、舜、禹、文、傅说、周公、孔、老，亦无以出此矣。

然则，黄石公知秦之将亡，汉之将兴，故以此书授子房。而子房者，岂能尽知其书哉！凡子房之所以为子房者，仅用其一二耳。

书曰："阴计外泄者败。"子房用之，尝劝高帝王韩信矣；书曰：

"小怨不赦，大怨必生。"子房用之，尝劝高宗侯雍齿矣；书曰："决策于不仁者险。"子房用之，尝劝高帝罢封六国矣；书曰："设变致权，所以解结。"子房用之，尝致四皓而立惠帝矣；书曰："吉莫吉于知足。"子房用之，尝择留自封矣；书曰："绝嗜禁欲，所以除累。"子房用之，尝弃人间事，从赤松子游矣。

嗟乎！遗粕弃滓，犹足以亡秦、项而帝沛公，况纯而用之，深而造之者乎！

自汉以来，章句文词之学炽，而知道之士极少。如诸葛亮、王猛、房乔、裴度等辈，虽号为一时贤相，至于先王大道，曾未足以知仿佛。此书所以不传于不道、不神、不圣、不贤之人也。

离有离无之谓"道"，非有非无之谓"神"，有而无之之谓"圣"，无而有之之谓"贤"。非此四者，虽口诵此书，亦不能身行之矣。

黄石公传

明·慎矜赏

黄石公者，吾不知其何如人，亦不知其所自始。但闻秦始皇时，天下方清夷无事，群黎束手听命，斩木揭竿之变未纤尘萌也。韩国复仇男子张良，策壮士阴袭之，万夫在护不支，大索十日不得，其目中已无秦。谓旦夕枭政首挂太白而快也。

游下邳圯上，徘徊四顾，凌铄宇宙，即英雄豪杰敦有如秦皇帝者，秦皇帝不畏而畏人耶？俄尔，一老父至良所，堕履圯下，顾谓良曰："孺子下取履。"良愕然，为其老，强忍下取履，跪进。老父以足受之，良大惊。老父去里许，还曰："孺子可教矣。后五日平明与我期此。"良怪之，曰："诺。"

五日平明往，老父已先在，怒曰："与老人期，后，何也？去，后五日早会。"良鸡鸣而往，老父又先在，复怒曰："后，何也？去，后五日复早来。"良乃夜半往，有顷，老人来，喜曰："孺子当如此。"乃出一编曰："读是则为王者师，后十三年，子求我济北谷城山下。"遂去，不复见。

且视其书，乃太公兵法。良奇之，因诵习以说他人，皆不能用。以说沛公，辄有功。由是解鸿门厄，销六国印，击疲楚，都长安，以有天下。其自为谋，则起布衣、复韩仇、为帝师，且当其身免诛夷诏狱之惨。

后十三年，过谷城山，无所见，乃取道旁黄石葆而祠之。乃良死，并藏焉，示不忘故也。故曰"黄石公"。

呜呼！良之所遇奇矣！或曰：老人神也！愚则曰：此老氏者流，假手于人，以快其诛秦灭项之志而已，安享其逸者也。聃之言曰："善摄生者无死地。"又曰："代司杀者，是谓大匠斫。夫代大匠斫，希有不伤手矣。"此固巧于避斩杀，而善于掠荣名者，是以知其非神人也。

苏轼之言曰："张良出荆轲聂政之计，以侥幸于不死，老人深惜之，故出而教之。"夫爱赤子者，为之避险绝危。老人之于张良，尝试之秦项戈矛之中，而肩迹于韩彭杀戮之际。如是而谓之爱也奚可哉？

目录

原始章第一 / 1

正道章第二 / 27

求人之志章第三 / 43

本德宗道章第四 / 71

遵义章第五 / 97

安礼章第六 / 163

素书

原始章第一

张氏注曰：『道不可以无始。』

王氏点评：『原者，根。原始者，初始。章者，篇章。此章之内，先说道、德、仁、义、礼，此五者是为人之根本，立身成名的道理。』

原始章第一

原典

夫道、德、仁、义、礼，五者一体也。

张氏注曰

离而用之则有五，合而浑之则为一；一之所以贯五，五所以衍一。

王氏点评

此五件是教人正心、修身、齐家、治国、平天下的道理，若肯一件件依着行，乃立身成名之根本。

译文

道、德、仁、义、礼这五种品质是浑然一体的。

黄石公智慧

《素书》是一部讲述智慧的经典著作，但本书开篇讲的却是看似与智慧谋略无关的仁义道德，之所以会如此是因为在黄石公眼里，道、德、仁、义、礼这五种品质是统摄一切权谋的纲领。在我国传统思想中，道、德、仁、义、礼是一个互相依存、互相作用的体系，应该系统地去认识。

如今一讲到道德，常常有人嗤之以鼻：靠这些陈词滥调能成事吗？成功需要的是勇气、智谋和机会，看看那些功成名就的人，我们似乎并没有从他们身上完全见到所谓"道、德、仁、义、礼"的力量。

这种看法反映出了现代社会的浮躁：急于求成，为达目的，不惜放弃一切原则。但显然这种看法很肤浅，是缺乏修养和内涵的表现。

道、德、仁、义、礼是古人日常修养的五个具体标准，历史上许多在政治、军事、人文等领域卓有建树的人物，都不仅在功业上有着突出的成就，在人格修养上也有着超出众人之处，所以他们才能够彪炳史册。而古人修身的一个很重要的方式就是"自省"。

孔子的学生曾子曾说："吾日三省吾身——为人谋而不忠乎？与朋友交而不信乎？传不习乎？"意思是说："我每天多次自我反省：替别人办事是否尽心竭力了呢？同朋友往来是否诚实呢？老师传授我的学业是否复习了呢？"

曾子的想法用现在的眼光来看，或许有些迂腐，但他编制的《论语》，还有著写的《大学》《孝经》《曾子十篇》等，却是中国古代两千多年的教学经典。曾子的功绩虽然和开疆辟土的武将有所区别，但他却是将孔子的文道传承下来的第一人。

"自省"是曾子为人治学有所成的一个重要因素。

明代的张瀚在《松窗梦语》中讲过这样一件事。他在初任御史的时候，有一次去参见都台的长官王廷相，王廷相给他讲了一个故事。王廷相说自己有一天乘轿进城办事时，不巧遇上了下雨。其中有一个轿夫刚好穿了双新鞋，刚开始时他还小心翼翼地循着干净的路面走，后来一不小心，踩进泥水坑里，此后他就再也不顾惜自己原来干净的鞋了。对此，王廷相总结说："立身处世的道理也是一样的，只要你一不小心犯了错误，那么以后你就再也不会有所顾忌了。所以，常常检点约束自己，是一个人必修的功课。"张瀚听了这些话，深受触动，从此惕励终身。

这个故事告诉我们，人一旦"踩进泥水坑"，心里往往就放松了戒备，会觉得反正"鞋已经脏了"，一次是脏，两次也是脏，于是便有了惯性，从此便"不复顾惜"了。正如有些人最初在工作中兢兢业业，廉洁奉公，偶然一不小心踩进"泥坑"，经不住酒绿灯红的诱惑，也便从此放弃了自己的操守。

人把原则一丢掉，什么智慧都会成为花架子，就会变得常耍小聪明，不过，这样做即便能短暂、局部地获取到利益，但最终却不能避免全局的落败。所以，黄石公将"道、德、仁、义、礼"放在《素书》的开篇，目的正是为了告诫世人，谈智慧、谈谋略，首先要以德为本。

■ 原典

道者，人之所蹈，使万物不知其所由。

张氏注曰

道之衣被万物，广矣、大矣。一动息，一语默；一出处，一饮食。大而八纮之表，小而芒芥之内。何适而非道也。仁不足以名，故仁者见之谓之仁；智不足以书，故智者见之谓之智。百姓不足以见，故曰用而不知也。

王氏点评

天有昼夜，岁分四时。春和、夏热、秋凉、冬寒；日月往来，生长万物，是天理自然之道。容纳百川，不择净秽。春生、夏长、秋盛、冬衰，万物荣枯各得所宜，是地利自然之道。人生天、地、君、臣之义，父子之亲，夫妇之别，朋友之信，若能上顺天时，下察地利，成就万物，是人事自然之道也。

译文

所谓道，是人所遵循的自然法则，它支配着天地万物的生成变化，而天地万物却不知其所缘由。

黄石公智慧

很多人喜欢说"人定胜天"，认为只要努力，就没有办不到的事，可是事实证明，这个道理是相对的。人能实现的一切目标，都不会脱离道的范畴，离开了道，就什么事也做不了。事实上，人类只能顺应自然，而不可能去战胜它或逆转它。

比如，我们可以将果树嫁接，但是不能让一头牛的角上长出苹果来；我们可以人工降雨，却不能控制一场海啸的发生；我们可以提高粮食的产量，却不可能让一亩地里长出万斤粮食。

也就是说，我们尽可以利用大自然的馈赠，利用人类的聪明才智去创造一些东西，但我们不能违背大自然的规律去行事，不能逆"道"而施，否则就会自取灭亡。

黄石公所谓的"天道"其实就是自然之力。什么是自然？老子所讲的自然就是"自然而然"，也就是没有"外力"影响的这个世界的本来面目，它既应包含所有"自然"的存在，也应包括"自然运行的规律"。可是，自然既然是至大无外的，什么能成为"外力"而使之"不自然"呢？

有人认为，人类无须敬畏自然，更不必顺天。尤其是在科学技术飞跃发展的今天，"人定胜天"这类口号的喊声好像越来越高了。现代人在处理人与自然的关系时，喜欢从"以人为本"的角度出发，可是结果如何呢？因为"以人为本"，树木被滥砍滥伐，野生动物被屠杀，地球的生态环境越来越恶劣。人类似乎已经完全忘记了自己本来就是自然的一部分。民盟中央副主席张梅颖在看了德国一个小学生的环保纪实后很感慨地说：″那种不认为自然为母，反以自然为器，乃至要征服自然的反自然观念，助长了环境灾害中日益严重的人类行为致灾。对于天灾实为人祸的警觉，四十多年前已引起西方社会公众和政府的广泛关注。″

其实自然就像一个大家庭，这个家庭中不是只有人类，还有其他物种。我们应该考虑的不能仅仅是人类自身，否则就会被自然所抛弃。也就是说，人要想有所成就，个人的努力固然非常重要，但顺守天道，顺其自然，尊重客观现实，实事求是，以变应变，却是更为重要的。

若是自以为是，不知天高地厚地一味偏激和固执，只能为自己增添无尽的烦恼和痛苦。无论历史上，还是当今社会，我们都不难见到有些人或因愚昧无知而意气用事，或逞匹夫之勇而不自量力，或因骄妄轻狂而倒行逆施，结果往往事与愿违，落得个身败名裂的下场。这些人，除了没有正视自己以外，必然同时悖逆了自然天道。

▅ 原典

德者，人之所得，使万物各得其所欲。

张氏注曰

有求之谓欲。欲而不得，非德之至也。求于规矩者，得方圆而已矣；求于权衡者，得轻重而已矣。求（至）于德者，无所欲而不得。君臣父子得之，以为君臣父子；昆虫草木得之，以为昆虫草木。大得以成大，小得以成小。迩之一身，远之万物，无所欲而不得（者）也。

王氏点评

阴阳、寒暑运在四时，风雨顺序，润滋万物，是天之德也。天地草木各得所产，飞禽、走兽，各安其居；山川万物，各遂其性，是地之德也。讲明圣人经书，通晓古今事理。安居养性，正心修身，忠于君主，孝于父母，诚信于朋友，是人之德也。

译文

所谓德，就是人的所得，就是让世间万物各得其所，得到他想要得到的。

黄石公智慧

德，黄石公解释为人之所得，但这个得的基础是使万物各得其所。简单点说，就是把一件事物摆放它应该在的位置，包括自己与他人的位置。

孔子说"德不孤，必有邻"，意思是说，一个人不可能把自己孤立起来，真正的有德之人是生活在人群中间的。一个有道德修养的人，自然会影响周围的人，吸引周围的人和他成为朋友。而人群，恰恰是成就伟业最需要的环境依托。

这不是什么功利主义的想法，而是一个人正常合理的欲望，人活着，想要维持在一个鲜活的状态，就需要不断被更新，需要在环境里不断成长。德行就是你选择用什么样的态度去对待你身边的人。

战国时期，魏国的公子信陵君十分擅长招揽天下贤能之士。有个年过七十的隐士，当时正在看守大梁的东城门，此人名叫侯嬴，虽家境贫寒，却颇有才华。信陵君很希望将他纳入自己的门下，于是亲自去拜访他，并带上了贵重的礼物。可是让信陵君没想到的是，侯嬴竟然婉言谢绝了。

一天，公子府大摆筵席。酒席摆好后，信陵君又带着随从亲自赶往东城门迎接侯嬴。侯嬴也不谦让，直接上了信陵君的马车，并坐到了信陵君的身边，他想用自己的傲慢无礼来激怒信陵君。但信陵君却一点也没有生气，态度反而更加恭敬。接着，侯嬴对信陵君说："我有个朋友在屠宰场，您能送我去看望一下他吗？"信陵君毫不犹豫地就将车赶到了屠宰场。

侯嬴见到自己的朋友朱亥后，故意把信陵君晾在一边，只顾和朱亥在一旁谈话。侯嬴一边谈话，一边注意观察信陵君的反应，发现信陵君始终面带平和，未曾露出一丝不悦。

这时候，魏国的文武大臣都在等着信陵君举杯开宴。街市上的人都看到信陵君正手握缰绳在等待侯嬴上车，不禁议论纷纷。信陵君的随从也在暗暗责骂侯嬴。侯嬴看到信陵君的面色始终不变，这才告别了朱亥上了马车。

他们来到公子府后，侯嬴被信陵君请到上座。信陵君还向他介绍了在座的文武大臣，并亲自向他敬酒。直到这时，侯嬴才被信陵君礼贤下士的德行打动，答应入其门下，并将刚才所见的朋友朱亥推荐给信陵君，这个人后来成功地帮助了信陵君"窃符救赵"。信陵君的得人，而后得功，与他的宽广胸襟和容人之德有着莫大的关系。

在现实的人际交往中，德行的高下是决定一个人与他人相处得好与坏的重要因素，有德的人大多很容易赢得他人的信任与友谊。这个德不是表现在自以为义的，或者某种自我标榜的行为上，而是更多地体现在对他人的包容上。如果不注重个人胸襟的拓展，我们就很难处理好与他人的关系，从而交不到知心的朋友。有的人看自己一枝花，看别人豆腐渣，自我感觉良好，盛气凌人；还有的人一事当前，往往从一己私利出发，见到好处就争抢，遇到问题就相互推诿，甚至拆别人的台。这些人在生活中之所以难有朋友，归根到底，就是在德养方面有所欠缺。

原典

仁者，人之所亲，有慈惠恻隐之心，以遂其生成。

张氏注曰

仁之为体如天，天无不覆；如海，海无不容；如雨露，雨露无不润。慈慧恻隐，所以用仁者也。非(有心以)亲于天下，而天下自亲之。无一夫不获其所，无一物不获其生。《书》曰："鸟、兽、鱼、鳖咸若。"《诗》曰："敦彼行苇，牛羊勿践履。"其仁之至也。

王氏点评

己所不欲，勿施于人。若行恩惠，人自相亲。责人之心责己，恕己之心恕人。能行义让，必无所争也。仁者，人之所亲，恤孤念寡，周急济困，是慈惠之心；人之苦楚，思与同忧；我之快乐，与人同乐，是恻隐之心。若知慈惠、恻隐之道，必不肯妨误人之生理，各遂艺业、营生、成家、富国之道。

译文

所谓仁，是指对事物和人有亲切的感情和关怀，有慈悲恻隐的心肠，让万事万物都能够遂其所愿，有所生化。

黄石公智慧

在《论语》一书中，"仁"字出现了两百多次。"仁"是一种内心的人生观、世界观，要求发自内心地爱自己、爱家人、爱乡里、爱国家乃至爱天下。但这种爱不是没有原则的滥爱，而是看到别人好的方面，你要爱他，看到别人不好的方面，你要厌恶同时要对其怀有怜悯之心，而不是完全断绝与对方的联系。

孔子说："里仁为美。择不处仁，焉得知？"有人解释说，"里仁"的意思是择善而居，这种理解固然没错，但怀着一颗仁心，以仁的标准来要求、磨炼自己却更为重要。否则，即便你有心选择与仁人相交，也会无形之中被排斥在外。"仁"是一种生活态度，它能涤荡你心中的尘埃，还你一颗活泼纯净的心灵，让你活得潇洒自如，活得理直气壮。

"仁"，表现在外就是能够设身处地地为别人着想，这点说起来容易，但真正能够做到的人却微乎其微。生活中的很多误解和隔膜实际上都是缘于人与人的生活状态的差异。一个人如果能够充满仁爱之心，言行充满人情味，不但能给他人带来温暖，也会令自己的人生少掉很多不必要的烦恼和障碍。仁是人生不可或缺的生机，是一个人能够在环境中不断成长的养料，也是致力于大家共同幸福的一种必要的付出。

北宋名臣张咏有一次办完公事回到后厅，看到一名守卫正在熟睡。张咏叫醒了他，和气地问他："你怎么大白天的在睡觉，是不是家里出了什么事啊？"那人闷闷不乐地说："我母亲病了，哥哥外出很久了也没有音信。"

张咏派人去慰问，证实了守卫的话。

第二天，张咏派了一个仆人去帮助这个守卫照料他的母亲，并帮他把家里的事都安排妥当，守卫感激不尽。

事后有人问张咏为什么要这么做，张咏说："在我的后厅怎么有人敢睡觉呢？这人肯定是心思太过繁重了，所以才会这么累。"

遇到张咏这样有人情味的领导，下属能不心甘情愿地为他尽力做事吗？的确，在生活中，一个充满人情味和爱心的人，往往具有很强的亲和力。无论其地位高低，都会赢得别人发自内心的尊敬。这样的人，无论走到哪里，都不会有过不去的路。

因此，作为社会的一员，我们不能只为自己着想，否则，脱离群众，失去群众的监督和制约，就很可会走向堕落，在道德上留下污点，这是做人策略上的失败。绝对的权力意味着绝对的自由，而绝对的自由意味着绝对腐败。一个人，尤其是作为领导者，一言一行都应该带有恩慈的人情味，多为他人着想一些。这样不但能问心无愧，也会给自己增加亲和力，从而得到下属的尊敬和拥戴。

原典

义者，人之所宜，赏善罚恶，以立功立事。

张氏注曰

理之所在，谓之义；顺理决断，所以行义。赏善罚恶，义之理也；立功立事，义之断也。

王氏点评

量宽容众，志广安人；弃金玉如粪土，爱贤善如思亲；常行谦下恭敬之心，是义者人之所宜道理。有功好人重赏，多人见之，也学行好；有罪歹人刑罚惩治，多人看见，不敢为非，便可以成功立事。

译文

所谓义，就是人们内心所默认的合宜的行事准则，人们以此来赏善罚恶，也以此来建功立业。

■ 黄石公智慧

义不单单可以作为人们日常行事的准则，它还是一套可以衡量人们的言行是否得"道"的标准。合乎这个标准，就会有好的结果，违背这个标准，人就很难立身处世了。

汉朝著名的学者董仲舒在《仁义法》中说："仁之法在爱人，不在爱我；义之法在正我，而不在正人。"意思就是首先是要爱别人而不是爱自己，讲正义首先要从自己做起而不是以此来衡量别人。当然，如果自己秉公行义却遭受了阻拦，那该坚持的原则还是要坚持，不能因为变质的人情关系而把义字丢掉。

历史上有名的"强项令"（硬脖子县令）董宣嫉恶如仇，不畏强权，为惩办凶顽，甚至连皇帝都敢顶撞。光武帝建武初年，董宣连续做了几任的县级官员，颇有政绩和清名，后来被提升为北海国相。

年近七十岁时，董宣又被调任为洛阳令。洛阳是东汉的首都，当时京师的豪门贵族常常依仗权势，枉行不法。董宣任洛阳令时，执法如山，对皇亲国戚的不法行为毫不姑息，向来会严惩严办。当时皇帝的姐姐湖阳公主家有个恶奴，有一次，这个恶奴光天化日之下在洛阳西市行凶杀人，然后便躲进了公主府内不再出来。洛阳府衙的吏役谁也不敢进公主府抓人，恶奴就这样在公主的庇护下逍遥法外了。

董宣得知此事后决心要惩办凶犯，伸张正义。他不露声色地暗中派人监查公主府的动向，以便寻找时机，缉捕凶手。当时那个恶奴在府中躲了几天，见外面没什么动静，以为没事了，就大着胆子坐上公主的车子，和公主一起到城外去游玩。董宣探知这一消息后，立即带人抄近路赶到了公主车马出游必经的夏门亭。董宣手持利刃往路中间一站，迎面拦住公主的车，公主大吃一惊，怒声喝斥："你是什么人，胆敢拦住我的车马？"

董宣回答说："禀公主，我是洛阳令董宣，特来缉拿在逃的杀人犯，请公主马上交出凶手！"

湖阳公主自然不会把一个小小的洛阳令放在眼里，所以态度傲慢地责问说："董宣你身为县令，不顾朝廷的法度，竟敢手执凶器，拦劫我的车马，该当何罪？"

董宣见湖阳公主以势压人，异常愤慨，强压怒火，义正辞严地说："公主，你家法不严，纵容家奴在闹市上杀人，现在还公开庇护杀人犯，真是错上加错！自古以来，王子犯法，与庶民同罪，何况是你的家奴！请速速交出凶手！"

湖阳公主见董宣毫不相让，不由恼羞成怒："就算我的家仆杀了人，我不把他交出来，你又敢怎样？"

董宣听了，勃然大怒，喝令身后的差役揪出公主车上的恶奴，就地正法了。湖阳公主被这场面吓得三魂出窍，立即调转车头，径直奔回了皇宫，哭哭啼啼到皇帝那里告状去了。

光武帝刘秀九岁就失去了父母，从小靠姐姐拉扯着长大，所以他对湖阳公主感情特别深。当他听说姐姐遭遇了臣子的忤逆时，不由大怒，立即派人把董宣传来，不容分说，就喝令近侍将他拉出去打死，董宣毫无惧色地对刘秀说："请陛下允许我临死前说句话。"

"你还有什么话说？"

"陛下以圣明之德中兴汉室，现在却袒护姐姐纵奴杀人，今后还怎么治理天下，用不着陛下操心，我自己结果这条老命算了！"说罢，董宣就用头撞向殿柱，顿时血流满面。刘秀听了董宣的话，有所醒悟，又见董宣如此刚烈，不由暗暗佩服，便马上命殿上的小太监拉住他。但为了照顾公主的面子，他就对董宣说："你要是现在给公主叩头赔罪，我马上释放你。"

"依法办事，何罪之有！"董宣坚决不答应。

刘秀见董宣如此固执，自己也不知如何下台了，不由地又燃起心头怒火，喝令左右用手强按董萱的脑袋，逼着他磕头。董宣两手用力撑在地上，就是不磕。公主见了，窝了一肚子火，转过身来激刘秀说："弟弟以前做平民百姓时，家里窝藏亡命的逃犯，官府明明知道，也不敢登门过问。现在弟弟贵为天子，掌握生杀大权，难道连一个小小的县令也治服不了吗？"但是此时的刘秀已经被董宣的不屈精神深深打动了，就笑着对湖阳公主说："正因为我现在身为天子，所以做事才不能胡来。"最后他下令释放了这位"强项令"。

这件事后来传遍了京城，自此，洛阳城权贵横行霸道的行为几乎销声匿迹了，整个京师显现出一片肃清之相。

董宣并不是达官显贵，也不是朝中元老，他不过是个普通的郡县官员，光武帝为什么不杀他？京城的权贵豪强为什么又怕他？这一切都在于他为官以道义为本，"义"驱使他不畏权势，执法如山；"义"威慑了刁顽恶徒，感动了平民百姓；也是"义"让他名垂青史，受到世代的人们的敬佩和称颂。这不正说明了，"义"不单单是众人内心所默认的行事准则，也是可以用来立身处世、建功立业的根本吗？

▬ 原典

礼者，人之所履，夙兴夜寐，以成人伦之序。

张氏注曰

礼，履也。朝夕之所履践而不失其序者，皆礼也。言、动、视、听，造次必于是，放、僻、邪、侈，从何而生乎？

王氏点评

大抵事君、奉亲，必当进退；承应内外，尊卑须要谦让。恭敬侍奉之礼，昼夜勿怠，可成人伦之序。

译文

所谓礼，就是人日常生活中身体力行、起早睡晚、勤奋实践，才得以形成的人与人之间区别长幼尊卑的一种伦理纲常。

■ 黄石公智慧

礼，从大的方面说就是各种社会制度，包括等级制度、宗法关系、礼法条规等，从小的方面说就是个人的行为准则和礼仪规范。礼的规范的形成，有助于协调好人与人、人与社会之间的关系。以"礼"治国是儒家一直倡导的基本精神。

春秋时期，晋国大臣郤芮因罪被杀，他的儿子郤缺也被废为平民，从此开始务农为生。郤缺从不因生活环境和个人际遇的巨大变化而怨天尤人，而始终是一面勤恳耕作以谋生，一面以古今圣贤为师刻苦修身。长此以往，他的德行与日俱增，不仅妻子对他甚为仰慕，就连初次结识的人也都对他无不赞叹。

有一次，郤缺在田间除草，晌午时分，妻子将饭送到地头，十分恭敬地跪在他面前，郤缺连忙接住，频致谢意。夫妻俩相互尊重，饭虽粗陋，倒也吃得有滋有味。

此情此景，感动了路过此地的晋国大夫胥臣，一番攀谈，认为郤缺是治国之才，于是极力举荐他为下军大夫，后来郤缺立大功，升为卿大夫。

我们现在常用的成语"相敬如宾"正是出自这个典故。用现代人的眼光来看，夫妻间应该少些礼数，随意相处似乎更合乎人情，但实际上，正是因为缺少了相互之间的尊重，很多婚姻才亮起了红灯。人与人之间必要的礼数能够增加彼此间的亲密度，夫妻之间若能如此，可以使相互关系更加和谐。同样的道理，朋友、兄弟间倘若多一些礼数，也会减少一些不必要的矛盾和麻烦；上下级间倘若能多多多遵循一些礼数，也能形成一种融洽的工作氛围，使工作能够顺利进行。

值得提醒的是，"礼"虽然是用来区别长幼尊卑的，但本质则是用来表示对人的敬重的。我们如果对人没有敬重之心，即使表面的功夫做到位了，也都是虚情假意的，这只能说是虚礼，不仅无法增进人与人之间的感情，反而会拉远相互之间的距离；相反，只要对他人产生敬重的心，不论你是否向人行了到位的礼数，也能让人感受到和睦！所以说，礼可以有形，也可以无形，最重要的是我们的内心。

在生活中，很多人常常忽略了那些看似不起眼的"礼"，不过也正是因为他们忽略了这些必要的礼数，才使得家庭矛盾不断升级，朋友关系变得越来越紧张，乃至生活的方方面面都出现了漏洞。总之，没有长幼尊卑之别，不懂敬重他人，必然会给人生带来很多的障碍。

原典

夫欲为人之本，不可无一焉。

张氏注曰

老子曰："夫道而后德，失德而后仁；失仁而后义，失义而后礼。"失者，散也。道散而为德，德散而为仁；仁散而为义，义散而为礼。五者未尝不相为用，而要其不散者，道妙而已。老子言其体，故曰："礼者，忠信之薄而乱之首。"黄石公言其用，故曰："不可无一焉。"

王氏点评

道、德、仁、义、礼此五者是为人，合行好事；若要正心、修身、齐家、治国，不可无一焉。

译文

一个人想要确立做人的根本，那道、德、仁、义、礼这五种品质都是不可或缺的。

黄石公智慧

道、德、仁、义、礼既是做人之德，也是做事之器。生活中，我们常常会见到这样一种人，他们态度蛮横，行为霸道，恨不得将所有的好东西都据为己有，但最终他们又真正得到了什么呢？而一个兼备道、德、仁、义、礼这五种品质的人，虽然他并未处心积虑地想要获取什么，但上天并不会因此对他吝啬，依然会将福分赐予他。

高尚的道德品质是人的立世之本，我们要想做一个堂堂正正的人，就要不断修炼道、德、仁、义、礼这几种美德，时刻注重自身的道德修养。

人的性情虽然各有差异，但这种差异不能单单只理解为平面性的差异，与个人品质的优劣也是息息相关的。每一个有良知的人，应该反复思索关于修养的学问，判断孰是孰非，这样才能提高自己的道德品质。

立志不凡，光靠一腔热血和技能是不行的，想要真正成事，一个人还要注意人格修养上的锻炼，这种锻炼与其说是叠加优秀品质的过程，不如说是放下傲慢的过程。一个人放下的傲慢越多，就越能让人感到舒服。难就难在一个人往往很难中肯地看待自己。

朱熹《朱子语类》中说："圣人之德无不备，非是只有此五者。但是此五者，皆有从后谦退不自圣之意，故人皆亲信而乐告之也。"道德品质的修养，不是自我标榜的行为，不是说修炼自己好让自己在心理上超过别人，修养的本质在于谦卑，不是自傲。自我修养不是用来衬托别人的污秽，好彰显自己的正义，它的本质是要让人充分认识到自己的不足，放下固执的自我，变得敢于担当。所以，朱熹才会说兼备这五种品质的人会有"谦退不自圣"之意，不自圣，就是看自己没有什么高人之处，这样的人才会得到众人的亲近。

原典

贤人君子，明于盛衰之道，通乎成败之数；审乎治乱之势，达乎去就之理。

张氏注曰
盛衰有道，成败有数；治乱有势，去就有理。

王氏点评
君行仁道，信用忠良，其国昌盛，尽心而行；君若无道，不听良言，其国衰败，可以退隐闲居。若贪爱名禄，不知进退，必遭祸于身也。能审理乱之势，行藏必以其道，若达去就之理，进退必有其时。参详国家盛衰模样，君若圣明，肯听良言，虽无贤辅，其国可治；君不圣明，不纳良言，侍远贤能，其国难理。见可治，则就其国，竭立而行；若难理，则退其位，隐身闲居。有见识贤人，要省理乱道理、去就动静。

译文

德才兼备的贤人君子，能洞察事物兴衰的规律，通晓成败的定数，看清天下安定与纷乱的变化趋势，明白自己该去该留的时机。

黄石公智慧

《红楼梦》中有一副对联——"世事洞明皆学问，人情练达即文章"。对世事都洞明、透彻了，这是真学问；对人情世故都通达了，便是大文章。这一道理与黄石公在这里所说的有异曲同工之妙。一个人的修养若是能够达到这种境界，就很了不起了。

然而，这件事看似容易，却不是一般人能做到的。要做到这一点，不仅需要拥有清醒的头脑，主动融入人群的心志，还要通晓基本的做人道理，更需要平日里的细心观察和思考，然后不断地总结经验，对照前人所说的道理，看看是否契合。

读《素书》是为了学习做人做事，但《素书》告诉我们，真正的学问并不都在书本上。真正的学问是要"入乎其内，出乎其外"，通俗来讲，就是要像学生读书一样，先把书通读，融入其中；然后再把书读厚，从一个问题衍出另一个问题，从一个知识点发散联想到其他知识点，进而将知识融会贯通；接着再把书读薄，将其中的重点归纳整理出来，将众多的知识点汇聚到一起，抛弃其中所熟知的、无用的东西；最后和现实相结合，从而理清万物的本质，并以此来指导自己的人生实践。这样才算是学好了这门功课。

我们的生命是有限的，所以无论是成功还是失败，都是我们人生里宝贵的财富。现实生活中，有很多人都觉得自己的生活就像一幕悲剧，还有些人误认为只有自己才是被上天所眷顾的人，这两种将自己从群体中剥离出去看待世界的想法，其实都是抛弃了"五德"，而"五德"是需要依附于群体关系才能实现的。所以，一个人如果想要正确地看待自己和世界，看清成败兴衰的趋势，就不能脱离"五德"，不能脱离群众、公德去看待这个问题。

▎原典

故潜居抱道，以待其时。

张氏注曰

道犹舟也，时犹水也；有舟楫之利而无江河以行之，亦莫见其利涉也。

王氏点评

君不圣明，不能进谏、直言，其国衰败。事不能行其政，隐身闲居，躲避衰乱之亡；抱养道德，以待兴盛之时。若时至而行，则能极人臣之位（尚父阿衡帝师王佐）；得机而动，则能成绝代之功；如其不遇，没身而已。

译文

所以，如果时势不宜，不能出仕，就应守道隐居，静观其变，等待时机。

▎黄石公智慧

如果一个人有抱负、有能力，就是没有机会，那该怎么办？黄石公告诉世人，遇到这种情况就要"潜居抱道"，等待时机。但这个过程并非像有些人理解的那样是孤单、寂寞的，而是一个培育生机的过程。消极地将等待过程看成是痛苦的，不但会将人的志气渐渐磨灭，也会让人心怀苦毒。

古人说,"福至心灵",没有说"福至心苦",所以,误认为甘于寂寞、孤独就是一种成长,其实是对成长的一种极大的误解。所以,等待的过程既不是心怀苦毒的,也不是消极被动的。

孔子也说了,不怕别人不知道自己的才能,就怕自己不知道别人的才能。只要你的德才真的出众,就不怕没有赏识你的伯乐。

姜子牙出身低微,前半生漂泊不定,困顿不堪,但是他满腹经纶,深信自己能干出一番事业。因此当他听说西伯侯姬昌尊贤纳士,广施仁政时,便千里迢迢投奔到西歧,当时他已年过七旬。但是来到西歧后,他并没有迫不及待地前去毛遂自荐,而是来到渭水边住了下来。此后,他每天在渭水边上垂钓,等待姬昌的到来。

当然,姜子牙也深知,普通的钓鱼方法是不能把姬昌"钓"过来的。所以,他运用了一种十分特殊的钓法方法:短干长线,线上悬着直钩,不用诱饵,钓竿也不垂到水中,离水面有三尺高。这种奇特的钓鱼方法吸引了众人的注意,有人看到姜子牙不挂鱼饵的直鱼钩,嘲讽说:"像你这样钓鱼,别说三年,就是一百年,也钓不到一条鱼。"姜子牙说:"你只知其一,不知其二。曲中取鱼不是大丈夫所为,我宁愿在直中取,而不向曲中求。我的鱼钩不是为了钓鱼,而是为了钓王与侯。"

后来,他果然把姬昌"钓"来了。姬昌慕贤心切,当他得知年已古稀的姜子牙很有才干时,便斋食三日,沐浴整衣,抬着聘礼,亲自前往磻溪求贤,随后拜封姜子牙为相。后来姜子牙尽力辅佐文王,并帮助武王姬发灭掉了商朝,自己也被武王封于齐地,实现了建功立业的理想。

在这个"潜居抱道"的过程中,姜子牙看似在消极等待,其实却在步步主动,他深信自己的一身韬略和惊世骇俗的钓鱼方法,一定能将姬昌吸引过来。所以,"潜居抱道"不是像有些人理解的那样,只是待在家里什么都不干。要知道，人的主动性一旦被消磨殆尽了，即便机会来了，也会因把握不住而与之失之交臂。

■ 原典

若时至而行，则能极人臣之位；得机而动，则能成绝代之功。如其不遇，没身而已。

张氏注曰

养之有素，及时而动；机不容发，岂容拟议者哉？

王氏点评

君臣相遇，各有其时。若遇其时，言听事从；立功行正，必至人臣相位。如魏征初事李密之时，不遇明主，不遂其志，不能成名立事；遇唐太宗圣德之君，言听事从，身居相位，名香万古，此乃时至而功成。事理安危，明之得失；临时而动，遇机而行。辅佐明君，必施恩布德；理治国事，当以恤军、爱民；其功足高，同于前代贤臣。不遇明君，隐迹埋名，守分闲居；若是强行谏净，必伤其身。

译文

如果时机到来，能够趁势而行，那就能位极人臣；如果抓住机遇，能够趁势而动，那就能建立盖世之功；如果遭逢不到这样的机会，那就只有守其道而终身了。

■ 黄石公智慧

能够适时地把握时机，掌握主动权，就能变不利为有利，变被动为主动，这是为人处世立于不败之地的关键。做好一件事情，客观条件往往很有限，但只要当事人能善于动脑，自然会把事物导向对自己有利的层面。

唐朝末年浙江以东的裘甫率农民起义，攻占了好几个城池，朝廷任命安南都户王式为观察史，镇压动乱。王式上任后所做的第一件事，就是命人将县里粮仓中的粮食发给饥民。众将官迷惑不解，问说："军队粮饷如此紧张，您却把县里粮仓中的存粮散发给百姓，这是为何呢？"

王式笑着说："反贼不过是用抢粮的把戏来诱惑百姓造反，现在我把粮食分给百姓，那么百姓还有什么理由造反呢？而且，各县没有守兵，根本无力防守粮仓，如果不把粮食发给百姓，等到敌人来了，百姓反而会帮助敌人造反。而如果把粮食发给百姓，等到反贼来到时，他们一定会帮助官兵奋力抵抗。"

各位将领听后都觉得很有理。果然，叛军到达后，百姓负隅顽抗，不到几月工夫，叛乱就被平定了。

"熙熙攘攘，皆为利往"的人心是不会改变的，王式能够在守备士兵不足的情况下，发动人民群众的主动性，给他们稳定的生活基础，一下子就把民众造反的理由给掏空了。大凡世上能够建功立业、位极人臣的人，都是从谋求大众利益稳定的基础上去实现自己的抱负的。民心所向，是一个不可违逆的趋势，谁不得民心，违背了大众的利益，谁就失去了成事的基础。历史上朝代的更迭无不遵循着这个规律。

▬▬ 原典

是以其道足高，而名重于后代。

张氏注曰

道高则名垂于后而重矣。

王氏点评

识时务、晓进退,远保全身,好名传于后世。

译文

因此,贤人君子掌握的道足够高深,而且遭逢其时,就能功名显赫并流传后世。

■ 黄石公智慧

一个人无论想要学什么做什么,首先要在道德上立根基。这是做人的根本,没有这个根本,再高的学问、再大的本事也只是空谈。正如今日所说的道德与科学的关系一样。如何评判一项科学技术是否有用途,不能从科学技术本身去挖掘,而是要看它是否合乎大众利益,能否切合时用。道的修养是人的根本,"本立而道生",有了这个本,才可以言及其他。换言之,就是先学做人,再学做事。

一个人有没有真学问,有没有真德行,不是看他的文化知识有多少,而是要看他能不能践行"孝""忠""信""仁"等品质。一个人只有在这几点上没有亏欠,才能够真正摆脱低级趣味和自私自利的倾向,这样的人即使说自己没有学习过什么道理,也可以称得上是学过了。黄石公所谓的"道",是不会脱离这些基本品质去谈的。其实,黄石公想说的就是历代大儒千百年来一直在说的"修德立业"。古人信奉一个人的德行越是深厚,他所建立的功业也就越大。

世间什么最难?做人最难,不会做人,怎么做事?所以古人说"立德、立功、立言","立德"是第一位的。

有一个名叫公明宣的人在曾子门下学习，三年没有读书。曾子说："你在我家里三年不学习，这是为什么？"

公明宣说："我哪敢不学习？我看见老师在家里，只要有长辈在，连牛马也没有训斥过，我很想学习您对长辈的态度，可惜还没有学好。我看见老师接待宾客，始终谨慎谦虚，从来没有松懈过，我很想学习您对朋友的态度，可惜还没有学好。我看见老师在朝廷办公事，对下属的要求很严格，但从来不伤害他们的自尊心，我很想学习您对下属的态度，可惜还没有学好。"

曾子离开座位，向公明宣道歉说："我不如你，我只会读书罢了！"

以往我们的教育偏重于告诉学生什么是好人、必须做好人，而偏废于教育学生怎样去做人，以致学生对于为人处事的原则方法并不明了。因而不善应对，不善交际，不能协调好人际关系，不能较好地把内在的美德变成外在的美行，也很难把个人恰当地融入集体之中。

所以，做人是门大学问，绝非一蹴而就。作为学者，不应问自己是否能够名扬后世，而要先问自己对"道"是否做到了践行不息。

正道章第二

张氏注曰：「道不可以非正。」

王氏点评：「不偏其中，谓之正；人行之履，谓之道。此章之内，显明英俊、豪杰，明事顺理，各尽其道，所行忠、孝、义的道理。」

正道章第二

原典

德足以怀远。

张氏注曰
怀者,中心悦而诚服之谓也。

王氏点评
善政安民,四海无事;以德治国,远近咸服。圣德明君,贤能良相,修德行政,礼贤爱士,屈己于人,好名散于四方,豪杰若闻如此贤义,自然归集。此是德行齐足,威声伏远道理。

译文
一个人的道德如果很高尚,就能使远方的人前来归顺。

黄石公智慧
"宽则得众,惠能使人。""得民心者得天下,失民心者失天下。"这些古人留下来的宝贵的治国安民的经验,同样适用于今天。一个优秀的领导者只有具备较高的道德水准和良好的群众基础,才能更好地推动工作的开展。

《六韬》中说："利天下者，天下启之。"的确，民心的归属与否关系着国家之存亡，事业之兴衰，领导者不可不重视。历史和现实的许多事例都表明，凡是成长和发展比较快的领导者，大都是既受上级信赖，又受下级拥戴而且政绩又突出的人。因此，作为一名领导者，应当注意协调这几者的关系，尤其要注重打好群众基础。

"得民心"说得通俗一点儿，就是要有好人缘，与群众搞好关系，这样才能具备较高的威望，才能变得具有号召力。民心不仅是领导者做好工作的群众基础，也是领导者求得事业进一步发展的基础保障。

得人心并不难，首先，能做到公正无私就已成功一半。尽管管理者的工作方法各不相同，但首先必须树立公正无私的形象，这样才能大大有利于自己凝聚力的加强。明智的管理者大多很在意自己的名声，因为他们深知，有好名声才有凝聚力，才能做到众望所归。因此，只有顾及下属对自己品质的评价，在下属面前树立一个公正无私的贤者形象，才能更好地立权树威，做到取信于"民"。

其次，公正地评价下属是管理者公正无私的另一个重要的体现。作为明智的管理者，为了客观评价下属，他们总是善于及时观察和做笔记。因为他们深知，下属的表现只有通过长期的工作才能体现出来，所以只有长期注意记录他们的行为，才能对他们真正有所了解，从而做到真正的赏罚分明。

再次，深受下属欢迎的管理者还总是以大局为重，不计个人恩怨，从而他们才能够充分地调动大多数人的积极性，然后通过尽可能公正地使用人才来激发下属为单位效劳的积极心态。

另外，管理者公正无私还表现在对下属的"论功行赏"上面。受下属欢迎的管理者，往往在论功行赏方面做得相当完美，能够充分地调动下属的积极性，形成人人争上游的工作局面，从而给单位带来无限的生机和活力。反之，如果论功行赏做得不好，不仅无法激励下属，反而有可能给单位带来负面的影响。

还有一点很重要，那就是管理者在日常管理事务中要公私分明，切不可假公济私。要了解一个人的品性很容易，只要看看他使用金钱的方式就可以了。有些管理者乍见之下气度非凡，可是一牵涉到钱，脑子里却会立刻盘算起来如何才能"报公账"。如果常常这样做，那无论是从品性还是从能力上来说，作为管理者都是完全不够资格的。

总而言之，作为管理者，只有在下属面前树立一个公正的形象，才能更好地立权树威，做到取信于群众。这就是所谓的"德足以怀远"。当然，德不是只有管理者才能立的，管理者失德也要从上位跌到下位，下位的人如果注重凑齐德，也能逐渐使人心归顺，最终成功上位。

▬ 原典

信足以一异，义足以得众。

张氏注曰

有行有为，而众人宜之，则得乎众人矣。天无信，四时失序；人无信，行止不立。人若志诚守信，乃立身成名之本。君子寡言言必忠信，一言议定再不肯改议、失约。有得有为而众人宜之，则得乎众人心。一异者，言天下之道一而已矣，不使人分门别户。赏不先于身，利不厚于己；喜乐共用，患难相恤。如汉先主结义于桃园，立功名于三国；唐太宗集义于太原，成事于隋末，此是义足以得众道理。

译文

一个人的信义昭著足以影响别人对事物的认知，从而最终达成统一的意见；一个人行止有义，处事公正，就能获得众人的支持。

黄石公智慧

东汉的许慎在他所著的《说文解字》中说："诚，信也。"又说："信，诚也。"由此可见，"诚"和"信"，无论是单独使用还是相连使用，在古代都是同一个意思。诚实守信无论是在古代还是现代，都具有十分重要的意义。

坦诚不是那么容易做到的，坦诚可能会让人损失眼前的利益，所以多数人在面对这种选择时，往往会选择用谎言遮盖。但一个有信义的人却知道，人与人之间的信任远比金钱更重要，这种信任在日后会给他的人生带来极大的帮助。但有的人却不这样想，他们会为了眼前的利益而失去诚信，这样一来，他们就会失去长远的发展机会了。

自古以来，诚实守信就是做人最基本的品德。黄石公指出，一个人如果诚信昭著，那就足以影响别人对事物的看法，能使众人意见达成统一。所以，考察自己说的话有没有人听，首先得问问自己曾经建立了多少可信度。如果一个人的可信度很高，那么他所说的话自然会得到众人的信服。

诸葛亮说："信义可以交友。"可见信和义也是分不开的。现实生活中，很多人对义都不是特别看中，结果经常抱怨自己没有朋友，或者觉得曾经的朋友都开始疏远自己，而且不知道是什么原因。其实，别人有心疏远不是没有缘故的，朋友少也得从自己身上找原因。有人说自己朋友少是因为没钱，有人说自己朋友少是因为文化低，有人说自己朋友少是因为别人不识货，这种将问题归咎于别人的交友方式，人际关系是很难有所改善的，除非能够认识到这一切都是因为自己做事不合乎"义"才造成的。

"义"代表人心的公理，一个行事常常遵循公理，常常从群体利益角度出发的人，自然会得到别人的喜爱和拥戴。或许这个人的外在条件不是很强大，但是"义"却可以让他变得很有吸引力，因为，行事合乎公理，做事就会少有阻碍，做事就有成效，就会使人富足；行事合乎公理，就会使人渐渐明理，对公理确信不疑，这就是智慧，就是文化的本质；行事合乎公理，就会使人朋友越来越多，这就是闪光点。所以，在说自己没有朋友，找不到知己，说话没有人愿意听之前，先要问问自己是否在"信""义"方面做到位了。如果一个人真的做到了，相信就不会再有这些抱怨了。

原典

才足以鉴古，明足以照下，此人之俊也。

张氏注曰
嫌疑之际，非智不决。

王氏点评
古之成败，无才智，不能通晓今时得失；不聪明，难以分辨是非。才智齐足，必能通晓时务；聪明广览，可以详辨兴衰。若能参审古今成败之事，便有鉴其得失。天运日月，照耀于昼夜之中，无所不明；人聪耳目，听鉴于声色之势，无所不辨。居人之上，如镜高悬，一般人之善恶，自然照见。在上之人，善能分辨善恶，别辨贤愚；在下之人，自然不敢为非。能行此五件，便是聪明俊毅之人。德行存之于心，仁义行之于外。但凡动静其间，若有威仪，是形端表正之礼。人若见之，动静安详，行止威仪，自然心生恭敬之礼，上下不敢怠慢。自知者，明知人者。智明可以鉴察自己之善恶，智可以详决他人之嫌疑。聪明之人，事奉君王，必要省晓嫌疑道理。若是嫌疑时分却近前，行必惹祸患怪怨，其间管领勾当，身必不安。若识嫌疑，便识进退，自然身无祸也。

译文

才识杰出可以借鉴历史，聪明睿智可以知众而容众，这种人是人中俊杰。

■ 黄石公智慧

所谓"才俊"，应包含两个标准，一个是鉴古，也就是学识涵养的储备有多少；一个是照下，也就是荣众、惠众的能力有多少。

"鉴古"，可以综合两方面去理解，一个是古今人物的历史，一个是自己过去的历史，从别人和自己过去成功或失败的经验中吸取教训，并能够在下次遇到问题时想到这些教训，从而规避误区，这就可以称得上是拥有杰出的才识了。

谈过"鉴古"，我们再来看看"照下"。前者更多的是从个人才识层面来说的，而"照下"则是告诫人要协调处理好自己和众人之间的关系，而这就需要对别人有深入的了解，我们可以将之理解为"知众"。不过，做到"知众"还不够，还要注意善加区别看待每个人不同的性情，使一个集体里的每个人都能找到自己对应的位置，从而呈现出活泼的氛围。一个人生格局开阔的人，不应该只做到排除异己，还应该竭力做到与众人和睦相处。

一个人能够在学识能力方面没有懈怠，在人际协调方面不出岔子，那在做事时失误就会少很多。同时，与其等别人找出问题来攻击我们，倒不如我们自己先找出问题所在。普通人总是等待别人找出自己的问题，找不出就蒙混过关。他们在学习上懈怠，在人际关系上表现冷漠，每每在人生的关键时刻脱节。这就是俊杰和普通人思维方式的差异。

▬ 原典

行足以为仪表，智足以决嫌疑。信可以使守约，廉可以使分财，此人之豪也。

王氏点评

诚信，君子之本；守己，养德之源。若有关系机密重事，用人其间，选拣身能志诚，语能忠信，共与会约；至于患难之时，必不悔约、失信。掌法从其公正，不偏于事；主财守其廉洁，不私于利。肯立纪纲，遵行法度，财物不贪爱。惜行止，有志气，必知羞耻；此等之人，掌管钱粮，岂有虚废？若能行此四件，便是英豪贤人。

译文

一个人行为端正足以成为众人的表率，智慧超群足以决断令人疑惑的事理，信义足以使人信守约定，廉洁足以让他分理财务，这样的人可谓是人中豪杰了。

▬ 黄石公智慧

豪杰这个词，看过武侠小说的人肯定都不陌生。在武侠小说中，豪杰们大口吃肉，大碗喝酒，笑声爽朗，声若洪钟，生活过得无拘无束，恣意洒脱。不过，这种豪杰与黄石公认为的豪杰对照起来看，就显得有些徒有其表了。黄石公给出了一个儒家豪杰的典范形象：行为足以成为众人的表率，智慧足以决断疑难，信义足以使人守约，廉洁可以分配财利。将这几点要求放到现实生活中，无论其中的哪一点都不是轻而易举就能做到的。

孔子曾经说过："言忠信，行笃敬，虽蛮貊之邦，行矣；言不忠信，行不笃敬，虽州里，行乎哉？"讲的是，如果一个人说话有信用，言行诚挚恭敬，那么哪怕到了蒙昧蛮荒的地方，也能顺利自由地行动；反之，即使是在自己熟悉的家乡，也会很难行事。

恭敬、诚信自古以来都被认为是为人处事之本。一个人如果言行不恭敬，妄自尊大，眼高手低，那在人群中的威望和名声必然会大打折扣，也就没有什么信用可言了。这样的人走到哪里都会被人排挤，做什么事情都很难成功。

▅ 原典

守职而不废。

张氏注曰

孔子为委吏乘田之职是也。

王氏点评

设官定位，各有掌管之事理。分守其职，勿择干办之易难，必索尽心向前办。不该管干之事休管，逞自己之聪明，强揽览而行为之，犯分合管之事；若不误了自己上名爵、职位必不失废。

译文

恪守本职工作不轻易放弃。

黄石公智慧

我们每个人立身社会，都有自己要待的位置，也都应该有一份自己的工作。尽心尽力去完成自己份内的工作，是每个身在职场的人都应该做到的。但现实的职场中，总有一些人，对自己的本职工作从不上心，对其他事情，比如在揣测领导的心思等方面却十分用心，还有一些人，总是处处逞能，处处彰显自己的聪明。这些人的职场之路不仅不会很顺畅，反而会波折不断，坎坷不断。

历史上，喜欢以聪明人自居而招灾惹祸的人不在少数。杨修被曹操所杀的故事，很贴切地说明了这个道理。杨修作为一名军中主簿，不想着怎么写好文书，却总是喜欢揣测曹操的心意。原来他的这种做法只是表现在日常生活中，曹操也不太在意，反而觉得他很聪明，是个人才。可后来到了军中，他竟然开始妄议军事，甚至致使军心涣散，曹操自然不会再姑息他了。

可见，一个人如果要展示自己的聪明才智，也要看场合，更要知道分寸。我们不提倡深藏不露，但更不提倡过分地在自己本职工作以外之处指手画脚。

那么，在日常生活和工作中，我们该如何去做才不至于表现得过于卖弄呢？

第一，要在生活枝节问题上要学会随顺大众，跟着别人的步履前进。

这种随众附和的做人方法，至少有两种实际意义：其一，社会上的群居生活，需要大家互相合作。其二，在某些情况下，当你茫然不知所措时，你该怎么办？当然是仿效他人的行为与见解，然后从中挖掘正确的应对办法。

第二，在与别人共事时，不要处处让人感觉你比他聪明。

别人有过错时，如果你用一种轻率的方式来指出来，比如一个蔑视的眼神，一种不满的腔调，一个不耐烦的手势，这些都有可能带来比较尴尬的局面。每个人都有自尊心。有些人不喜欢采纳别人尤其是下属的主张，认为这有失身份，他们也不相信下面的人能把问题看清楚。同事之间也是这样，人都倾向于把别人看成是庸才，只有自己才有真知灼见，但是，一个不注意协调同事之间合作关系的人，在职场是很难立足的。

第三，实际办公时，贵办法不贵主张。换句话来说就是，要多一点解决实际问题的办法，少一些高谈阔论。

不荒废本职工作，不推卸自己责任，不在本职工作外过分显露自己聪明，学会与人的相处之道，这就是黄石公想要告诫我们的。

▎原典

处义而不回，见嫌而不苟免。

张氏注曰

迫于利害之际而确然守义者，此不回也。周公不嫌于居摄，召公则有所嫌也。孔子不嫌于见南子，子路则有所嫌也。居嫌而不苟免，其唯至明乎。

王氏点评

避患求安，生无贤易之名；居无不便，死尽孝忠之道。侍奉君王，必索尽心行政，遇患难之际，竭力亡身，宁守仁义而死也，有忠义清名。避仁义而求生，虽存其命，可以为羡。故曰：有死之荣，无死之辱。

临患难效力尽忠，遇危险心无二志，身荣名显。快活时分，同共受用；事急、国危，却不救济，此是忘恩背义之人，君子贤人不肯背义忘恩。如李密与唐兵阵败，伤身坠马倒于涧下，将士皆散，唯王伯当一人在侧，唐将呼之，汝可受降，免你之死。伯当曰：忠臣不侍二主，吾宁死不受降。恐矢射所伤其主，伏身于李密之上，后被唐兵乱射，君臣叠尸，死于涧中。忠臣义士，患难相同；临危遇难，而不苟免。王伯当忠义之名，自唐传于今世。

译文

内心忠贞，坚守理义，能够在利害关头不改初衷，被人猜疑却不急于为自己辩解避嫌。

◼ 黄石公智慧

这一段主要谈的是敢于担当，敢于负责的问题。

勇于负责是非常值得称道的进取精神。一个人要想实现自己内心的梦想，下定决心改变自己的生活境况和人生境遇，首先要改变自己的思想，学会从勇于担当的角度入手。

勇于负责的精神是人生强有力的支撑力量，它可以使人从平庸的人生轨道中脱离出来，变得敢于担当，成为杰出优秀的人；它可以帮人赢得别人的信任和尊重，进而改善脆弱的人际关系。如果你的聪明不输于别人，但在事业发展的轨道上却一直落后于别人，那么就请检视一下自己是否缺乏敢于担当的勇气。

勇于负责，认真对待工作，你的成绩自然会被大家看在眼里，自然会受到上司的赞赏和鼓励。聚沙成塔，集腋成裘，大事都是从小事做起，一步一步累积起来的。不管你现在所做的工作是多么微不足道，都要以负责的态度去做好。主动清除头脑中的错误思想，才能成长为一个真正具备勇于负责精神的员工，才会被老板或公司视为支柱，才会获得全面的信任以及更多的锻炼机会，从而拥有更广阔的工作平台，获得更大的成功。

原典

见利而不苟得，此人之杰也。

张氏注曰

俊者，峻于人也；豪者，高于人；杰者，桀于人。有德、有信、有义、有才、有明者，俊之事也。有行、有智、有信、有廉者，豪之事也。至于杰，则才行足以名之矣。然，杰胜于豪，豪胜于俊也。

王氏点评

名显于己，行之不公者，必有其殃；利荣于家，得之不义者，必损其身。事虽利己，理上不顺，勿得强行。财虽荣身，违碍法度，不可贪爱。贤善君子，顺理行义，仗义俸财，必不肯贪爱小利也。能行此四件，便是人士之杰也。诸葛武侯、狄梁，公正人之杰也。武侯处三分偏安、敌强君庸，危难疑嫌莫过如此。梁公处周唐反变、奸后昏主，危难嫌疑莫过于此。为武侯难，为梁公更难，谓之人杰，真人杰也。

译文

见到有利可图，不忘乎所以地把道义良心丢在一边，而是能够取财有道，这就是人中翘楚了。

黄石公智慧

对"义"和"利"的态度，是孔子区分君子和小人的标准。道德高尚的人重义而轻利，德行败坏的人则见利而忘义，普通人往往徘徊在两者之间。

重义轻利并不是否定利益的价值，只是反对以不正当的手段，或者通过伤害别人的方式获取金钱和财富。

社会的进步，物质的丰富，离不开人们对物质享受的追求。有些愚昧的反古主义者或极端宗教分子认为，物欲是人心败坏的追求，所以要把这些通通否定。但如果我们真的把一切都否定了，那整个社会体系也就会随之崩溃，然后倒退到一个蛮荒的时代了。追求利益是每个人的基本生存本能，当然，追求成功和利益应该以不损害公众或集体利益为前提。只有协调公众、集体利益与自身利益的平衡性，一个人取得成就后才会得到众人的认可。

古代有位商人名叫刘淮，他常年在嘉湖一带购囤粮谷。有一年大灾，有人劝他要抓紧时机，涨价获利，他却说，能让百姓度过灾荒，才是大利。于是，他不仅没有涨价，反而将囤聚之粮减价售出，而且还设锅棚"以食饥民"，因此赢得了一方百姓的赞誉和信任。在那些希望一夜暴富的人看来，刘淮无疑错失了一次绝佳的发财机遇。不过后来，他的生意却越做越兴隆，并没有因此枯竭。而且，这种细水长流、深得民心的经营方式，使他的生意比那些希望发灾难财的人做得更长、更好。

见利忘义，这种求取财富的方式，最终只能让人落得身败名裂的下场。现实的商战中，许多人经商都以追求利益为最大目标，但真正的大商人却始终信守"义、信、利"的经商哲学，将追求利润放在"义"与"信"之后，尤其是从不取违背良心之利。如何看待义利关系，也是衡量商人们职业道德的标尺。

求人之志章第三

张氏注曰:「志不可以妄求。」

王氏点评:「求者,访问推求;志者,人之心志。此章之内,谓明贤人必求其志,量材受职,立纲纪、法度、道理。」

求人之志章第三

▇ 原典

绝嗜禁欲,所以除累。

张氏注曰

人性清净,本无系累;嗜欲所牵,舍己逐物。

王氏点评

远声色,无患于己;纵骄奢,必伤其身。虚华所好,可以断除;贪爱生欲,可以禁绝,若不断除色欲,恐蔽塞自己。聪明人被虚名、欲色所染污,必不能正心、洁己;若除所好,心清志广,绝色欲,无污累。

译文

禁绝无益的嗜好,克制贪婪的欲望,这样就可以除去人生很多缠累了。

▇ 黄石公智慧

红尘滚滚,很多人奔波劳碌,都是为了赚更多的钱,以此满足自己的消费欲望,让自己活得更好。挣钱、消费构成了许多人生活的无限循环的怪圈,这无形中就会让生活中少了一种清风明月的气象,多了很多烟火气。热衷于纸醉金迷的生活，将舒适自然的生活抛在脑后，这不能不说是一种悲哀。

黄石公指出，人生的智慧在于舍弃一些无益的嗜好，克制心中的邪情私欲，过一种简朴的生活，这样就可以不为物欲、色欲所奴役，从而保持精神上的自由。

明末文人洪应明在他的《菜根谭》中对这种身心上的自由做了一番精妙的描述：

风来疏竹，风过而竹不留声；

雁度寒潭，雁度而潭不留影。

故君子事来而心始现，事去而心随空。

这段话的意思是：当轻风拂过竹林的时候，竹子会发出刷刷的声响，但轻风过后竹林便变得寂静无声；当鸿雁飞渡清寒的潭面时潭水中会倒映出鸿雁的英姿，但鸿雁过后潭面上便不再有任何鸿雁的影子。所以修养高深的君子只有在事情到来的时候才显露出他的本性，表白他的心迹，事情一过去，他的内心也就立即恢复了空灵平静。

一个人达到了如此的境界，就会自得其乐，不会因得失荣辱而耿耿于怀。反之，就难以体验到工作与人生的乐趣；更严重者，则会执著于贪念，使人生面临着重重的危机。

原典

抑非损恶，所以禳过。

张氏注曰

禳，犹祈禳而去之也。非至于无，抑恶至于无，损过可以无禳尔。

王氏点评

心欲安静，当可戒其非为；身若无过，必以断除其恶。非理不行，非善不为；不行非理，不为恶事，自然无过。

译文

抑制不合理的行为，减少邪恶的行径，这样就可以避免过失了。

■ 黄石公智慧

功名利禄，富贵荣华，生活中，各种各样令人眼花缭乱的诱惑无处不在。这些东西本身都是好的，只要用得合宜，都可以成为人生命中很大的福份。但是，如果用得不合宜，将其与人生的幸福和外在的功利直接挂钩，那就是本末倒置了。

但是富与贵的诱惑，力量实在太大了，许多人都想用毕生的努力达到的。因此他们就会因为抵挡不住"诱惑"和"要求"而不择手段，走上错误的道路。

可是，要想成为一个成功的商人，就必须具有良好的商业道德，必须以客户以消费者的利益为重。如果总是想着歪门邪道，那必定不能长久。比如说，有许多商人为了赚取利益，常常使用"一锤子"买卖的做法，想要一脚上岸、一步到位，这种做法同样是不可取的。《庄子·列御寇》中有一个"纬萧得珠"的故事，说的正是第二种一锤子买卖的危害性。

古时候，在某地一条大河边，住着一户以经营草织品为生的商贩，他们每天把岸边人家用蒿草织成的草箱收购运到城里去卖，以此赚钱养家糊口，尽管生意不大，但也能勉强维持一家老小的生计。

有一天，商贩的儿子纬萧在河里游泳，偶然从河底捞到一颗价值千金的龙珠。一家人十分高兴，纬萧对父亲说："咱们成年累月卖蒿箱，纵然是累断筋骨也只能是吃糠嚼菜，还不如到大河深处去捞龙珠，拿到市场去卖，必定发财！"但父亲却不同意他的意见，并对儿子讲了一通道理：做生意如同做其他事一样，不能只见树木不见森林，只看到暂时的利益而忽略潜在的危险。一分生意三分险，对每一种生意，既要考虑到赚钱的结果，也要考虑到赔钱的下场，即使眼前效果十分诱人，也必须从坏处打算，掂量一下该不该冒这个风险。倘若觉得某一笔生意赚钱的可能性很大，即使赔了，损失最多只占资金的一部分，那么，这样的风险可以冒一冒；反之，一旦失败就全盘皆输的风险，是绝对不可冒的。比如所得到的那颗龙珠，长在大河深渊黑龙的嘴里，之所以能够得到它，是黑龙在沉睡的时候，不小心从嘴里吐了出来。一旦再下河去捞珠，遇见黑龙正愁不见偷珠的对象时，必然遭遇不测。不仅捞不到珍珠，还会把性命赔进去。

当然，这仅是一则寓言。在商战中，从来就没有"搏到尽头"的可能，聪明的商人总会客观分析事物，既能看到有利的一面，也会估计到不利的一面。商品社会中，市场经济永远充满变数，今天赚钱的东西，说不定明天就会赔钱，今天热销的产品，说不定明天就会变成"死货"。因此，赚钱就赚清清白白干干净净的钱，要走正道，要放眼长远，绝不损人利己，做那些愚蠢的一锤子买卖。

人都喜欢富贵而厌恶贫贱，然而富贵的求取，却是应该遵循正道的。那么，君子所应走的正道是什么呢？那就是从公理中去寻求，也就是在不伤及公众利益的基础上，通过专心、勤恳的方式求得利益。

富贵本身是中性的，只要求取方式得当，那就没有什么可以忌讳的。只是很多人想要的是一夜暴富，因此往往脱离正常的轨道来谋求财富，结果就会因为抵挡不住诱惑而走上犯罪的道路。

原典

贬酒阙色，所以无污。

张氏注曰

色败精，精耗则害神；酒败神，神伤则害精。

王氏点评

酒能乱性，色能败身。性乱，思虑不明；神损，行事不清。若能省酒、戒色，心神必然清爽、分明，然后无昏聋之过。

译文

在酒色上有所节制，常常保持爽朗的精神，做人才不会招致污损。

黄石公智慧

玩乐不上瘾，饮酒不贪杯，好色而不淫，是做人的一种境界。但现实生活中喝酒误事的人却到处都是，好色而不淫的人更是少之又少。无论社会地位高低，无论贫贱还是富贵，人在酒色的迷误上并没有太大差别。

因贪恋酒色而亡国的皇帝，历史上更是不乏其人。

陈后主，名叔宝，是宣帝的嫡长子。由于当时的时局比较稳定，后主在继位之后便日益骄纵，不思外难，终日沉溺在酒色之中，不理朝政，结果致使朝局日益衰微。

隋文帝得知此事后，决定以替天行道之名兴兵讨伐。后来，后主与王公百官从建邺出发，来到长安。被宽赦后，隋文帝给了他丰厚的赏赐，几次引见，皆让他位列三品官员的行列。每次有后主参与的宴会，隋文帝怕他伤心，都会下令不奏后主家乡音乐。后来，监守后主的官员报告说："叔宝说自己没有官职，每次参与朝拜时，没有人可以说话，请求能封一官号。"

隋文帝说："这人真是没有心肝。"

监守官员又说："而且他终日饮酒度日，很少有醒的时候。"

隋文帝问："他每天喝多少酒？"

监守官回答说："他每天和他朋友一起能喝100斤左右的酒。"

隋文帝听后大惊，然后说："此人亡国难道不是因为饮酒吗？有在这里饮酒的功夫，倒不如思考时事。当在若弼渡江到京时，有人用密信向宫中告急，叔宝因为饮酒，就没打开看。高颖进到宫中时，那封密信还在床下，他都没有打开看过。这真是是天亡陈国，也是酒亡陈国啊。"

完全隔绝酒色，自然是无益于身心健康的，但酒色不加节制带来的伤害却是巨大的，像陈后主那样沉溺于其中，轻者伤其身，重者则会误事亡国。而对于现代人来说，沉迷酒色，自然难免会让生活和事业都受到重创。

▇ 原典

避嫌远疑，所以无误。

张氏注曰

于迹无嫌，于心无疑，事乃不误尔。

王氏点评

知人所嫌，远者无危，识人所疑，避者无害，韩信不远高祖而亡。若是嫌而不避，疑而不远，必招祸患，为人要省嫌疑道理。

译文

对周围环境有所疑惑，就要避开行事，这样才能避免失误。

黄石公智慧

做人应该德行纯厚，但是不能做毫无防人之心的烂好人，善良也该有分寸。把自己的仁义善良暴露在朋友面前不算什么，但是在恶人面前展露自己的仁爱，就是在自取伤害。

虽说人心向善，但因为各种各样的缘故在心灵上"病入膏肓"的恶人在没有回心转意之前，没有人能知道他们的内心会有多险恶。善人会倾向于把世上所有的人和事都看成是美好的，恶人恰恰会利用这一点，把人善良的本性当作他们取利的工具。

东郭先生和狼的故事，想必大家都听说过。东郭先生看见受伤的狼，心生怜悯，结果险些送了命。生活中，如果我们行善不分对象，也会给自己带来很大的伤害。

生活有美好的一面，也有严酷的一面。我们不能因为生活的严酷就去否定生活的美好，但我们也不能因为生活的美好而不去正视生活的残酷和丑恶。

活在世上，我们要学会与各种人打交道，但是，如果缺乏对自己基本的负责态度以及对风险的防范之心，就可能给生命、财产、情感、事业等多方面带来破坏。

如何保护自己，让自己的生命、事业等都得到必要保证，这就是基本的"生存智慧"。

战国时，楚王非常宠爱一位叫郑袖的美女。后来，楚王又得到一位新美女，便喜新厌旧，把郑袖冷落到了一旁。郑袖是个工于心计的女人，她不甘就此失宠，因此开始暗中筹划算计起来。

郑袖先是想尽办法与新美人亲近起来。新美人对郑袖的热情没有任何怀疑，反倒心生感激。有一天，郑袖悄悄告诉新美人：楚王心情不好时，如果看到女人掩鼻遮口的羞涩模样，就会开心。

新美人信以为真，所以每当楚王心情不好时，她便做出掩鼻遮口的羞涩模样来。楚王觉得奇怪，郑袖趁机告诉楚王说："新来的美人私下说，大王身上有臭气，见面时得掩着鼻子才行。"楚王一听，怒不可遏，便叫人割掉了新美人的鼻子，并把她赶出宫外。就这样，郑袖又夺回了楚王的宠爱。

这就是心思单纯的害处，善良无论如何没有错，但做人应该披上一件自卫的外衣，尤其对那些和自己存在利益之争的人，更应该有所防范。人活世上，受伤是难免的，但无论如何不能让自己的善良反过来伤害了自己。

原典

博学切问，所以广知；高行微言，所以修身。

张氏注曰

有圣贤之质，而不广之以学问，弗勉故也。行欲高而不屈，言欲微而不彰。

王氏点评

欲明性理,必须广览经书;通晓疑难,当以遵师礼问。若能讲明经书,通晓疑难,自然心明智广。行高以修其身,言微以守其道;若知诸事休夸说,行将出来,人自知道。若是先说却不能行,此谓言行不相顾也。聪明之人,若有涵养,简富不肯多言。言行清高,便是修身之道。

译文

博学而多问,这样的人学识将更加广博;身处高位仍然谦虚慎言,这样才可以更好地修身。

黄石公智慧

谦虚,不是那么容易做到的,尤其当学识得到众人认可以及在获得了一定的社会地位之后。这时候,人大多会很自然地端起架子来。不过,这种做法显然是不明智的,最终很可能会遭到众人的排斥甚至是唾弃。所以,一个明智的人,应该始终保持谦虚好学的品质。

《论语》中有这样一段记载:有一次,卫国公孙朝问子贡,孔子的学问是从哪里学的?子贡回答说,古代圣人讲的道,就留在人们中间,贤人认识了它的大处,不贤的人认识它的小处;他们身上都有古代圣人之道。夫子随时随地向一切人学习,谁都可以是他的老师,所以说"何常师之有",他并没有固定的老师。

虚心求教,不仅能体现出一个人良好的修养和深厚的内涵,而且在实际的学习和生活中也会让自己受益匪浅。

孔子曰:"三人行,必有我师焉。择其善者而从之,择其不善者而改之。"见人之善就学,是虚心好学的精神;见人之不善就引以为戒,是自觉反省的精神。这样,无论同行相处的人善与不善,都能对我们起到借鉴作用。

很多人理解"三人行,必有我师焉"是"能者为师"。在日常生活中,我们每天都要接触到许多人,这些人多多少少都有长处值得学习,只要我们心存谦卑,就能从他们身上学到很多。

人们常犯的一些通病,比如,往往只能看到自己的优点,喜欢拿自己的长处与他人的短处比较,于是,与人相处时,对那些比自己优秀、比自己强的人就会很不服气;比如,往往会宽于责己而严于责人,容不得有缺点的人,这样做,既阻碍了向他人学习提高自己的道路,也会让人际关系变得紧张,有时甚至会发生冲突。因此,黄石公在这里对我们的告诫,是非常具有现实意义的。

原典

恭俭谦约,所以自守;深计远虑,所以不穷。

张氏注曰

管仲之计,可谓能九合诸侯矣,而穷于王道;商鞅之计,可谓能强国矣,而穷于仁义;弘羊之计,可谓能聚财矣,而穷于养民;凡有穷者,俱非计也。

王氏点评

恭敬先行礼义,俭用自然常足;谨身不遭祸患,必无虚谬。恭、俭、谨、约四件若能谨守、依行,可以保守终身无患。所以,智谋深广,立事成功;德高远虑,必无祸患。人若深谋远虑,所以事理皆合于道;随机应变,无有穷尽。

译文

恭谨自持,勤俭节约,所以才能守身不辱;深谋远虑,这样才不至于困危。

■ 黄石公智慧

宋儒汪信民曾说:"得常咬菜根,即做百事成。"节制而俭朴的生活能磨练意志,锻炼吃苦耐劳、坚韧顽强的精神,可以让人们在通往理想的道路上,披荆斩棘,奋勇直前。而迷恋于吃喝玩乐,既消磨人的意志,也会消耗人的精力,这样的人自然难成气候,甚至会在生活中迷失方向。

春秋时期鲁国大夫御孙曾说:"俭,德之共也。"诸葛亮也说:"静以修身,俭以养德。"由此可见,俭朴的生活,可以使人精神愉快,可以培养人的高尚品质。另外,俭朴也能培养出人的顽强意志,从而让人能够以开怀的心态经受住艰苦的磨练。这样的人,虽然处境匮乏,但却能在和睦的人际关系中持守道义,从而抵御住一夜暴富的利益诱惑。

司马光是北宋的宰相,也是著名的历史学家,名重一时,可他从来不摆阔。他给儿子司马康的信中曾这样说:"许多人都以购置奢华的事物为荣,我却认为节俭朴素才算美。尽管别人笑我顽固,我却不认为这是我的缺点。孔子说:'奢侈豪华容易骄傲放肆,节俭朴素容易固执鄙陋。与其骄傲放肆,宁可固执鄙陋。'他又说:'一个人因为俭约犯过失的事是很少见的。读书人有志于追求真理,却又以吃粗粮、穿破衣为耻辱,这种人是不值得和他讲学问的。'可见,古人是以俭约为美德的。现在的人却讥笑、指责朴素节约的人,这真是奇怪的事!"

真正的智者宁俭不奢,这样不仅会让人生少掉很多牵绊,也有助于养成居安思危的思维习惯。纵观古今,那种追求奢华、生活糜烂的人，到头来总不免落得身败名裂的下场，堕入肉体和灵魂的双重深渊。所以，黄石公在这里才会把恭俭与远虑并提，告诫世人，只有养成恭俭谦约的生活作风，才能保持居安思危的精神状态，这样，才不至于陷入危困的境地。

原典

亲仁友直，所以扶颠；近恕笃行，所以接人。

张氏注曰

闻誉而喜者，不可以得友直。极高明而道中庸，圣贤之所以接人也。高明者，圣人之所独；中庸者，众人之所同也。

王氏点评

父母生其身，师友长其智。有仁义、德行贤人，常要亲近正直、忠诚，多行敬爱；若有差错，必然劝谏、提说此；结交必择良友，若遇患难，递相扶持。亲近忠正之人，学问忠正之道；恭敬德行之士，讲明德行之理。此是接引后人，止恶行善之法。

译文

亲近仁慈、正直的朋友，这样就可以在逆境中得到帮助；接近那些宽宏大量的人，并贯彻笃行，这样就能学会待人处世之道。

黄石公智慧

所谓"近朱者赤，近墨者黑"，判断一个人的人品，首先要看他有什么样的朋友。虽然对方的朋友并不是每一个都非常优秀，但从其最亲近的朋友身上，却是可以多少分辨出一个人的人品的。

子曰："益者三友，损者三友。友直，友谅，友多闻，益矣。友便辟，友善柔，友便佞，损矣。"孔子告诫世人说，有三种朋友是有益的，他们分别是正直的朋友、诚实守信的朋友和见闻广博的朋友。这样的朋友，多多益善。另外有三种人，是不宜结交的，和他们相处久了，会损害到自身的品德修养，这三种人分别是谄媚逢迎的人、表面奉承而背后诽谤的人和习惯花言巧语的人。首先，我们要学会判断，什么是益友。然后还要学会克制自己的虚荣，因为这三种损友，都是只善于说好听的话，却不会对我们有什么实际的帮助。

判断什么人是自己真正的朋友，其实是一门大学问。

战国时的名相蔺相如在宦官缪贤的门下作舍人的时候，有一次，缪贤因为得罪赵王，打算暗自逃往燕国。

蔺相如问他："您怎么知道燕王一定会收留您呢？"

缪贤回答说："我曾经跟随赵王与燕王会见于边境之上，燕王私下里握着我的手说，愿意和我深交。因此，我才想逃往燕国。"

蔺相如阻止他说："赵国强大，燕国弱小，您当时又被赵王宠爱，所以燕王想同您深交。现在您是逃出赵国去往燕国，燕王害怕赵王，他必定不敢收留您，恐怕还会把您捆绑起来送还给赵国。您不如脱衣露体，背着斧子去向赵王请罪。只有这样，才能免除灾祸。"

缪贤听从了蔺相如的计策，果然得到了赵王的赦免。

这个故事告诫我们，向我们投诚的人，有时候并非真的把我们当朋友，其中往往掺杂着利害关系。

春秋时晋国的中行文子逃亡，途中经过一个县城。

侍从说："这里有大人的老朋友，为什么不休息一下，等待后面的车子呢？"

文子说："我爱好音乐，这个朋友就送我名琴；我喜爱美玉，这个朋友就送我玉环。这是个只会投合我来求取好处而不会规劝我改过的人。我怕他也会用以前对我的方法去向别人讨好。"说完他迅速离开了这个县城。后来这个朋友果然扣下文子后面的两部车子献给了他的新主子。

蔺相如能在燕王的殷勤中看出祸患，中行文子在落难之时能够推断出"老友"的变节，这让我们悟出一个道理：投你所好的未必是真朋友，这类朋友在你危难之时往往会拒绝施以援手。

能够雪中送炭的朋友，才是真朋友。在危难时，曾经被质疑的朋友往往会成为救星，而你非常信赖的朋友却很有可能背叛你。这是因为我们在有权得志的时候，有些小人会看中我们的权势而虚伪的拍马，而真正的朋友则会因怕我们吃亏而真诚地告诫我们。因此，之所以我们会陷入危机之中，很多时候正是因为交错了朋友。

▅ 原典

任材使能，所以济物。

张氏注曰

应变之谓材，可用之谓能。材者，任之而不可使；能者，使之而不可任，此用人之术也。

王氏点评

量才用人，事无不办；委使贤能，功无不成；若能任用才能之人，可以济时利务。如：汉高祖用张良陈平之计，韩信英布之能，成立大汉天下。

译文

任用人才如果能做到量才适用,那就可以济助世人了。

黄石公智慧

清代思想家魏源讲过这样一段话:"不知人之短,不知人之长,不知人之长中之短,不知人之短中之长,则不可以选人。"深刻阐述了作为领导者在用人问题上所应秉持的态度。作为管理者,在用人上一定要深知人,并且要善选人。比如,对于遇事爱钻牛角尖的人,不妨安排他去考勤;对于脾气太犟、争强好胜的人,可以安排他去当攻坚突击队长;对于办事婆婆妈妈、爱"蘑菇"的人,最好让他去抓劳保;对于能言善辩,喜欢聊天的人,可以让他去搞公关接待。在任用人才的过程中,如果坚持了这些原则,就能使组织发挥出最高效能。

然而在现实当中,关于什么是人才,却存在一定误解。在社会大环境的影响下,很多企业管理者在选人时开始追求高学历,他们认为学历就等于能力,学历高能力就高。然而,有经验的管理者都知道,事实上并非如此。其实,学历只能证明一个人过去受教育的程度,并不能说明他就学识渊博,也不能因此就认定他能力非凡。学历与能力之间不一定成正比,有学历不一定有能力,学历低也不一定能力低。也就是说,学历并不代表学识,能力才是最重要的。

现实中,有能力而无学历的智者可以说不胜枚举,如美国著名发明家爱迪生、瑞典大科学家诺贝尔、俄国文学大师高尔基,还有当代集企业家、发明家于一身的 IT 界精英,世界第一首富比尔·盖茨,这些人都没有高学历,但却取得了举世公认的非凡成就。

相反,在现实生活中,许多拥有高学历的人,他们却能力平平,一事无成,毫无建树。

由此可见,一个人是不是人才,或者自身能不能发挥自身优势,有时候不是自己所能决定的，在很大程度上要看领导者是否将他放在了最适合的位置上。因此，我们也就不难理解为什么有些人在一个企业并不怎么突出，但是换了一个环境就脱胎换骨的情况了。所以，在任用人才这点上，这一准则既可以作为领导择人的权柄，也可以是旁观者考核领导能不能做到知人善用的标准。

原典

殚恶斥谗，所以止乱。

张氏注曰

谗言恶行，乱之根也。

王氏点评

奸邪当道，逞凶恶而强为；谗佞居官，仗势力以专权；不用忠良，其邦昏乱。仗势力专权，轻灭贤士，家国危亡；若能俦绝邪恶之徒，远去奸谗小辈，自然灾害不生，祸乱不作。

译文

抑制邪恶，斥退谗佞之徒，这样可以止息动乱。

黄石公智慧

谗言始于小人，任谗言摆布者多半没有什么好结果。无论在什么时代，小人都是制造混乱的罪魁祸首。

不拘小节，宽宏大量，这些都应该是作为一名成功的管理者所具备的重要素质。但是，大到一个国家，小到一个企业，任何一个组织里，总是难免会有小人。如果管理者一味地宽宏大量，对小人也掉以轻心，那结果只会让自己在阴沟里翻船。

一般来说，小人为了自己的目的都是不择手段的。所以，管理者在管理过程中，为了自己和企业的利益，必须小心谨慎，处理好和小人的关系。

聪明的管理者想要妥善处理和小人的关系，必须是能把握以下几个原则：

第一，保持距离。不要和他们过度亲近，只保持淡淡的关系即可，但也不要太过疏远，一旦被他们发现你在轻慢他们，他们就会想办法在背地里耍阴谋诡计，到时候，遭殃的就是你了。

第二，不得罪他们。小人比君子敏感，心里也比较自卑，因此不要在言语上刺激他们，也不要在利益上得罪他们，尤其不要为了正义而去指责他们，那样只会让他们忌恨你，从而做出对你不利的事情。

第三，小心说话。跟他们说些"今天天气很好"的话就可以了，如果谈了别人的隐私，谈了某人的不是，或是发了某些牢骚不平，这些话很可能会变成他们兴风作浪或整你的证据。

第四，不要有利益瓜葛。小人常成群结党，霸占利益，他们有自己的势力圈，如果你的功夫还没练到家，就千万不要靠近他们来获得利益。他们之前或许会给你很多好处，但当你得到一点利益后，他们必定会要求相当的回报。

第五，吃点小亏无妨。喜欢占便宜也是小人的特征之一，你找他们不但讨不到公道，反而会结下更大的梁子。

当然，如果小人亏待的只是你的利益，那么能忍则忍，但如果他们已经危害到了集体利益，那么就一定要在适当的时机对他们予以铲除，并且要保证不留下祸患。要记住，以君子之心度小人之腹在何时都是行不通的。一味宽容，最后只能给自己或集体带来伤害。

原典

推古验今,所以不惑。

张氏注曰

因古人之迹,推古人之心,以验方今之事,岂有惑哉?

王氏点评

始皇暴虐行无道而丧国,高祖宽洪,施仁德以兴邦。古时圣君贤相,宜正心修身,能齐家、治国、平天下;今时君臣,若学古人,肯正心修身,也能齐家、治国、平天下。若将眼前公事,比并古时之理,推求成败之由,必无惑乱。

译文

考察古代的事迹,以校验当下,这样才能明辨是非。

黄石公智慧

人活在世,从来不是独立的个体,所以,想要明确自身的意义,就不能仅仅从自身或者当下去看待问题。凡事有个参照,才不至于迷路。

后汉孝明帝的皇后是伏波将军马援的小女儿,十四岁便入太子宫为太子妃。明帝即位后,她被册封为皇后。后来孝明帝驾崩,儿子章帝即位,因为章帝年纪还小,马太后临朝称制,处理国家大事。

当时,章帝和自己的几个舅舅感情很好,便想依照惯例,封自己的几个舅舅为侯,马太后却坚决不同意。

章帝向母亲请求说："从西汉以来，国舅封侯、皇子封王已经是国家的制度，母后自持谦逊，却要让儿子背上亏负舅家的名声。要知道，在建国初期，阴、郭两家的后族就已经被封侯了。"

马太后语重心长地对章帝说："我并不是想得到谦让的美名，让皇上落个刻薄的名声，而是鉴于西汉那些后族几乎没有不因荣宠过盛而灭亡的，所以才反对皇上的主张。阴、郭两家是先皇的后族，我不敢比，但先帝在封皇子为王时，国土和赋税收入比较建武时期减少了一半，我曾问过先帝为何这样做，先帝说：'我的儿子怎敢和先皇的儿子一样。'此言我一直铭记，所以我的娘家又怎敢和阴、郭这些开国的后族相比呢？"

这一年大旱，有一个官员想趁势讨好皇上和后族，便上奏说天灾乃是因为不封国舅为侯之故。马太后看后大怒，下诏严厉斥责说："你不过是想讨好我家而已，怎敢妄言天灾与不封侯有关。汉成帝时，一日之间封王家五人为侯，当时大风拔树，黄雾四塞，这才是天灾示警。最终，由于王家后族过盛，乾纲不振的缘故，而后才导致王莽篡汉。我从没听说过后族谦逊守礼而导致天灾的。"大臣们见太后执意坚决，便没人再敢有非议了。

但章帝总觉得舅舅不封侯，自己心有愧疚。大臣们碰了钉子不敢再说话，他便亲自向母后苦苦哀求："舅舅们年纪都大了，身体又多病。万一有所不讳，生前得不到封典，儿子可要抱憾终生了。"马太后虽然心里不愿意，但实在拗不过儿子，只好同意章帝封几个舅舅为侯，但事后常为此郁郁不乐。

临下诏册封的前一天，马太后把自己的兄弟们召进宫，告诫他们切忌权势过大，自取毁灭。马太后的兄弟们体会到太后的良苦用心，第二天接受封侯后，便坚决要求辞去在朝中的职务，以列侯归第。

后汉的皇后大多是开国功臣之女，邓、马、窦、梁四家是最典型的，而邓、梁、窦家族都先后因权势过盛而遭灭门之祸，只有马氏一族谨守礼节，不敢稍有逾越，最终才得以保全。

马皇后深明古今兴衰大义，她压制自己娘家的势力，既不是刻意求取名声，也不是不愿意娘家与自己同享富贵，而是深知富贵过盛是祸患之门，稍有闪失便会招致灭门惨祸。

东汉的思想家王符曾经有个很精彩的比喻，他说：君主娇宠自己喜爱的贵臣和一般人养育婴儿常犯同样的过错，人们喂养婴儿总是担心他吃不饱，尽量多给奶水吃。君主娇宠贵臣也总是嫌给予的权力不够大，财物不够多，所以无限制地赏赐财物，增大权柄。结果，婴儿因吃得过饱经常生病甚至夭折，贵臣也常因权势过盛，财物过多而积成罪恶，最终会招来祸患甚至灭亡。比喻浅显通俗，可谓一语中的。推古验今，所以不惑，"后人到此宜明鉴"。

▬ 原典

先揆后度，所以应卒。

张氏注曰

执一尺之度，而天下之长短尽在是矣。仓卒事物之来，而应之无穷者，揆度有数也。

王氏点评

料事于未行之先，应机于仓卒之际，先能料量眼前时务，后有定度所行事体。凡百事务，要先算计，料量已定，然后却行，临时必无差错。

译文

在做事之前多一些谋划,这样才能处乱不惊、临危不乱。

■ 黄石公智慧

《孙子》中有这样一句话:"多算胜,少算不胜,由此观之,胜负见矣。"这里的"算"是指"算计",也就是事前充分的计划。算计多的一方稳操胜券,而算计较少的一方则难免见负。

看高手下棋,绝对是一种享受。每一步都走得恰到好处,而且为下一步甚至是下几步如何去走都做好了铺垫。这不是随手拈来的棋路,而是在走每一步时都做到了精确的算计,整个棋路的发展都在他们心中把握着,这样胜算的机会自然就大得多。

做事如下棋,一个有作为的人做出每一个行动之时也往往会有精准的预测。他们会预测到这个行动将会带来什么后果,以及如何利用这个后果再采取下一步的行动。拥有了这种能力,对你整个事业的发展将会起到至关重要的作用。

这一道理运用到管理中,同样意义重大。在管理的过程中,当管理者准备进行一些行动时,最好事先进行一番精确的算计,有取胜的把握时再动手,也就是有了比较大的"胜算"再行动,这样才能胜券在握。

然而,虽说要经过精确的算计才能胜算,然而管理活动是人与人之间的"战争",所以不可能有完全的胜算。因为其中包含着许多人为的因素,所以不可能有完全的胜算。不过,我们可以把握一个原则,即至少要有七成以上的胜算再行事。

而要做到有把握,就必须知彼知己。话虽然很容易理解,实际做起来却并不容易。处于现代社会中的管理者,都应该以此话来时时提醒自己,无论做何种事均应做好事前的调查工作,确实客观地认清双方的具体情况，正所谓，先谋而后动。

另外，管理有时候还需要运用"不败"的战术来稳固现况。就像打球一样，即使我方遥遥领先，仍需奋力前进，掌握得分的机会。正如荀子所说的那样，"无急胜而忘败"，即不要一味求胜而忽略可能的失败。人有时候会只看到利益，而看不到危害，结果往往酿成不可挽回的过错。因此，无论在任何情况下，都要预先设想失败的情况，并事先想好应对之策。

没有谁做事能有十成把握，但我们至少要有七分胜算才可以行动，这样才能在很大程度上避免在整个大势上出现差错。

原典

设变致权，所以解结。

张氏注曰

有正、有变、有权、有经。方其正，有所不能行，则变而归之于正也；方其经，有所不能用，则权而归之于经也。

王氏点评

施设赏罚，在一时之权变；辨别善恶，出一时之聪明。有谋智、权变之人，必能体察善恶，辨别是非。从权行政，通机达变，便可解人所结冤仇。

译文

做人做事要懂得随机应变，这样才能化解很多难解之事。

■ 黄石公智慧

老子认为"曲则全,枉则直",他认为能够经受得住委屈,才能够保全自己的长远利益;懂得适时弯曲,才能有一展宏图的机会。

老子的这一观点,与黄石公在这里所讲的要懂得随机应变是一个道理,这个道理正是我们需要铭记的大智慧。生活中,我们会遇到许多的不公平对待,如果总是意气用事而奋起反抗,往往解决不了实际问题,还有可能让局面变得更加不利。

正所谓,大丈夫能屈能伸,没有胜算的时候,要学会隐忍。隐忍并不可耻,只要在这段时间内积蓄力量,待形势一变,必然能稳操胜券。

"变"是事物发展的规律,"应变"则是管理者能力的表现。现代人的工作往往受多种因素的影响,比如情势、心理、关系等。因此,管理者管理下属的工作行为,以及由此调整工作计划、目标和办法都是常见之事。这就需要管理者提高应变能力,做到头脑灵活,及时找到对策。

如果管理者始终按照既有的模式和程序开展工作,那就等于把自己的思维限制在狭小的天地里,抑制了创造的生机,人也会因此变得缺乏创造性和灵活性,这就会与管理者所面临的时代使命无法适应。因此,要想提高应变能力,我们就不能固守在自己的世界里,而是要放下自己,融入到生活中去,融入到人群中去,有容纳不同声音的胸襟。

总之,做人懂得权变,不固执,不偏行己路,这样才能化解一些僵局。

原典

括囊顺会，所以无咎。

张氏注曰

君子语默以时，出处以道；括囊而不见其美，顺会而不发其机，所以免咎。

王氏点评

口招祸之门，舌乃斩身之刀；若能藏舌缄口，必无伤身之祸患。为官长之人，不合说的却说，招惹怪责；合说不说，挫了机会。慎理而行，必无灾咎。

译文

心中有数但不轻易表态，凡事能顺应时机，这样就可以免除祸害了。

黄石公智慧

古今中外的智慧皆提倡"少言""慎言"，意思是说，管好自己的口舌就能避免灾祸。祸从口出的说法不是凭空而来的，因此，把握好说话的时机、场合是很重要的。

孔子认为，人在与人交流时常犯两个错误，一个是应该与人交谈沟通的时候却没有这样做，结果就失去了结交朋友的机会；另一个是说话不看对象，结果不仅会得罪人，还很可能会引火上身。明智的人应该能够看出哪种人适合交往，哪种人不适合交往。所以，他们往往能做到既不失去结交朋友的机会，也不会对道不同的人浪费口舌。

范雎在卫国见到秦王，尽管秦王求教再三，他都沉默不语。诸葛亮在荆州，刘琦也曾多次向其请教，诸葛亮同样再三不肯说，这些都可以看成是古人慎言的表现。

东晋时期，有一次著名书法家王献之与两个哥哥王徽之、王操之一起去拜访东晋名人谢安。会面时，徽之、操之二人放言高论，目空四海，只有献之三言两语，不肯多说。三人告辞以后，有人问谢安，王家三兄弟谁优谁劣？谢安淡淡说道："慎言最好。"

当然，慎言不是让人不发言，而是要考虑到发言后带来的影响。口不择言的人是难以调教的蠢货，好话、坏话都不出口的人则是令人乏味的闷葫芦，只有那种能够看准时机说话的人，才能称得上是聪明贤达之人。

▆ 原典

橛橛梗梗，所以立功；孜孜淑淑，所以保终。

张氏注曰

橛橛者，有所恃而不可摇；梗梗者，有所立而不可挠。孜孜者，勤之又勤；淑淑者，善之又善。立功莫如有守，保终莫如无过也。

王氏点评

君不行仁，当要直言、苦谏；国若昏乱，以道摄正、安民。未行法度，先立纪纲；纪纲既立，法度自行。上能匡君、正国，下能恤军、爱民。心无私徇，事理分明，人若处心公正，能为敢做，便可立功成事。诚意正心，修身之本；克己复礼，养德之先。为官掌法之时，虑国不能治，民不能安；常怀奉政谨慎之心，居安虑危，得宠思辱，便是保终无祸患。

译文

坚守正直的信念，不为外界所干扰，只有这样才能有所作为；孜孜以求，勤恳敬业，只有这样才能善始善终。

■ 黄石公智慧

在开放的社会环境中，几乎每个人都会为自己设立一些长远的目标。但无论所树立的是怎样的理想，信念坚定、不以物移地去实行都是必须坚持的原则。只有如此，理想的实现才不会一直遥遥无期。

常言道："谁人背后无人说，哪个人前不说人。"所以，不能太看重别人对自己的看法，议论人和被人议论都是很平常的事。而且越是有能力的人，被人议论的就越多。一个真正干事业的人，不应轻易相信别人的议论，不应计较别人的毁誉，而应该专心干自己的事，踏实走自己的路。自己良心上没有愧疚的人，别人的误解是不会伤害到他的。同时对于别人，也不应该有掺杂个人恩怨的评价，要时时让自己置身在利益纠纷之外，保持一颗清醒的头脑看待事物，远离喜欢争闹的人。

人贵有志。但"志"对于人来说，不能仅仅作为一个口号去空喊。人一旦树立了理想和目标，就要对它负责，这也是对自己负责。在追求事业理想的过程中，坚毅自信、果敢不疑，不随波逐流，不轻信盲从，这些都是必备的品质。倘若只是在口头上谈得眉飞色舞，临阵时却畏避艰苦，埋怨吃不好、穿不暖，这种人不仅不宜与之"论道"，甚至连与之交友都要三思。对于自身，也要时时自我省察，看自己是否也有类似的毛病。

本德宗道章第四

张氏注曰：「言本宗不可以离道。」

王氏点评：「君子以德为本，圣人以道为宗。此章之内，论说务本、修德、守道、明宗道理。」

本德宗道章第四

■ **原典**

夫志,心笃行之术,长莫长于博谋。

张氏注曰

谋之欲博。

王氏点评

道、德、仁、智存于心;礼、义、廉、耻用于外;人能志心笃行,乃立身成名之本。如伊尹为殷朝大相,受先帝遗诏,辅佐幼主太甲为是。太甲不行仁政,伊尹临朝摄政,将太甲放之桐宫三载,修德行政,改悔旧过;伊尹集众大臣,复立太甲为君,乃行仁道。以此尽忠行政贤明良相,古今少有人;若志诚正心,立国全身之良法。君不仁德、圣明,难以正国、安民;臣无善策、良谋,不能立功行政。齐家、治国无谋不成。攻城破敌,有谋必胜,必有机变。临事谋设,若有机变、谋略,可以为师长。

译文

一个人要想做到志向坚定,按照自己意愿行事,就要懂得多谋,这是立身长久的办法。

黄石公智慧

俗话说得好，"先谋后事者昌，先事后谋者亡"，在事前就做好谋划，那么在做事的过程中就能克服很多障碍。

老子在《道德经》中特别赞赏这样一种人："上德若谷，大白若辱，广德若不足，建德若偷。"这种人平日里很少"显山露水"，看上去很平常，然而他们却能在潜移默化中将事情完成。这类人既不刻意显露，也不刻意隐藏自己，而是像平常人一样行事为人。

做事太张扬，虽然能够显得自己高人一头，然而却会引来众多人的妒忌，让别人更关注他的一举一动（确切地说是更关注他的失误），这样就会给自己日后的行事带来众多的压力和不便。对此，清世宗雍正曾说过这样一句话："但不必露出行迹。稍有不密，更不若明而行之。"雍正不仅是这样说的，在他的执政生涯中也是这样做的。

雍正即位之初，举凡军国大政，都需经过集体讨论，最后才由他宣布执行，皇权在很大程度上受到了制约。于是，雍正设立了军机处，让权力中心逐渐回归。简单来说，就是皇帝统治军机处，军机处又统治百官。军机处还有一种职能，即充当最高统治者秘书的角色，类似于情报局，有很强的保密性。

雍正对军机处管理得特别严密，对军政大臣的要求也极为严格，要求他们时刻同自己保持联系，以便随时召入宫中应付突发事件。同时，军机处也像飘移的帐篷一样随皇帝的行动而不断改变位置。雍正走到哪里，"军机处"就设在哪里，类似于我们现在的现场办公。

另外，雍正对军机处的印信管理得也非常严密。印信是机构的符号和象征，是出门办事的护身符和通行证。军机处的印信由礼部负责铸造，藏于军机处以外的地方，派专人负责管理。需要用到印信时，必须上报雍正，得到批准之后军机大臣才能凭牌开启印信。

设立"军机处"后，大大推动了官场的工作效率，以前每办一件事情，或者有关的奏折，要经过各个部门的周转，最后才能送到雍正跟前。其间，扯皮、推诿、拖沓的官场陋习不可避免地导致办事效率极为低下，保密性也很差，从而让雍正的旨意无法贯穿始终。而自从设立军机处后，便在很大程度上摆脱了官僚机构层层"把关"的附赘悬疣，雍正的口谕可以畅通无阻地到达每一个机构，国家的大权也就更加牢固地控制在他自己手里了。

设立"军机处"，将"生杀之权，操之自朕"的雍正推向了封建专制权力的顶峰。"军机处"由于在皇帝的直接监视下开展工作，所以谨小慎微，自知自律，奉公守法，这样的氛围也在一定程度上改善了整个官僚机构的风气。"军机处"的设置，保证了中央集权的顺利实施，维持了社会的相对稳定和统一，避免了社会的动乱和民族的分裂，从而推动了社会的繁荣和发展。

不论古今，不论地位高低，那些想要成事的人，往往都是深谋远虑的，这样的人既不会在人群中高喊理想的口号，也不会把自己深深隐藏起来不与大众共事。能够避免这两个极端，才真正称得上深谋远虑，志心笃行。

原典

安莫安于忍辱。

张氏注曰
至道旷夷，何辱之有。

王氏点评
心量不宽，难容于众；小事不忍，必生大患。凡人齐家，其间能忍、能耐，和美六亲；治国时分，能忍、能耐，上下无相怨。如能忍廉颇之辱，得全贤义之名。吕布不舍侯成之怨，后有丧国亡身之危。心能忍辱，身必能安；若不忍耐，必有辱身之患。

译文

要想平安无事，最好的办法莫过于忍辱负重了。

黄石公智慧

但凡有人的地方，就会有矛盾。你不犯人，不代表别人不会犯你，这种冒犯有时是无心之过，有时却是有意为之。不过，遇到争端，最好能得饶人处且饶人。正所谓，化干戈为玉帛，如果总是为了一些小事而耿耿于怀，不仅对自己的身心健康无益，而且容易给自己的人际交往带来一些阻碍。

说实话，别人之所以敢于向你发出挑衅，或者与你说话时言语刻薄，多半是因为你处于弱势。这种境况下，你若顺着自己怒气与对方顶撞，反而会让别人更瞧不起。如果能够在受到辱没时不动声色，或者装聋作哑，则会免除一时的灾祸。

忍一时之委屈，其实对我们来说并没有什么损失，而且在怒气消除后，还很可能会迎来一个宽阔的胸襟，一份更豁达的智慧和一颗更坚忍的心。正所谓"身段越软，其心越坚。"勾践忍不下会稽之耻，怎能有日后的卧薪尝胆，兴越灭吴？韩信受不得胯下之辱，怎能帮大汉开疆辟土，获封淮阴侯？

唐代著名高僧寒山问拾得和尚："今有人侮我，冷笑我，藐视目我，毁我伤我，嫌我伤我，嫌我恨我，则奈何？"

拾得和尚说："子但忍受之，依他，让他，敬他，避他，苦苦耐他，装聋作哑，漠然置他，冷眼观之，看他如何结局？"

由此可见，大丈夫的隐忍里透出的是智慧和勇气。人生不可能总是风调雨顺，当遇到不如意的事情时，一个人的忍耐力往往能够将形势导向对自己有利的一面，从而转危为安。

三国时，诸葛亮辅佐蜀汉在祁山攻打司马懿。诸葛亮极尽所能地对他进行侮辱，但司马懿对诸葛亮的侮辱就是置之不理，始终不出来应战。最后，诸葛亮的粮食吃完了，不得不退兵回到蜀国，战争就这样结束了。司马懿之所以能够不战而胜，就在于一个"忍"字。

与别人发生误会时的忍耐，那只是一时的容忍，很多人都能做到。难得的是在漫长时间里，忍受来自外界各样的折磨，这种忍耐才是难能可贵。忍字头上一把刀。这把刀，让你痛，也会让你痛定思痛；这把刀，可以削平你的锐气，也可以雕琢出你的勇气。

原典

先莫先于修德。

张氏注曰

外以成物，内以成己，此修德也。

王氏点评

齐家治国，必先修养德行。尽忠行孝，遵仁守义，择善从公，此是德行贤人。

译文

无论做人做事，想要有所成就，就应该先修养好自己的德行。

黄石公智慧

成功的标准不止一个，成功的路也不止一条。但要到达成功的终点，就必须具备良好的德行修养。古人说：全德全才是圣人，有德有才是君子，有才无德是小人，无德无才是愚人。有才无德的人即便能够凭借自己的聪明收获些小成就，但也不可能长久，最终，他们会因为自己的骄奢放纵而付出代价。

一个注重修德的人，应该注意涵养自己的德操，在为人处世方面做到含而不露。品格不单单是靠嘴说出来的，言传、身教都是必不可少的。一个人如果说的和做的不能一致，那就会失去别人对他的信任。

企业家冯仑曾经写过一篇文章，大意是说：他去香港，和李嘉诚先生吃了一次饭，感触非常大。"李先生76岁，是华人世界的财富状元，也是大陆商人的偶像。大家可以想象，这样的人会怎么样？一般伟大的人物都会等大家到来坐好后，才会缓缓过来，讲几句话，如果要吃饭，他一定是坐在主桌，有个名签，我们企业界20多人中相对伟大的人会坐在他边上，其余人坐在其他桌，饭还没有吃完，李先生就应该走了。如果他是这样，我们也不会怪他，因为他是伟大的人。

但是我非常感动的是，我们进到电梯口，开电梯门的时候，李先生在门口等我们，然后给我们发名片，这完全出乎了我们的意料——李先生的身家和地位已经不用名片了！但是他像做小买卖一样给我们每个人发名片。发名片后我们一个人抽了一个签，这个签就是一个号，就是我们照相站的位置，是随便抽的。我当时想为什么照相还要抽签，后来才知道，这是用心良苦，为了大家都舒服，否则怎么站呢？

抽号照相后又抽个号，说是吃饭的位置，又为大家舒服，最后让李先生说几句话，他说也没有什么讲的，主要是和大家见面，后来大家鼓掌让他讲，他就说，我把生活当中的一些体会与大家分享吧。然后看着几个外宾，用英语讲了几句，又用粤语讲了几句，把全场的人都照顾到了。他讲的是'建立自我，追求无我'，就是让自己强大起来要建立自我，追求无我，把自己融入到生活和社会当中，不要给大家压力，让大家感觉不到你的存在，来接纳你、喜欢你、欢迎你。之后，我们就吃饭。我抽到的号正好是挨着他隔一个人的位子，我以为可以就近聊天了，但吃了一会儿，李先生起来了，说抱歉我要到那个桌子坐一会儿。后来，我发现他们安排李先生在每一个桌子坐15分钟，总共4桌，每桌都只坐15分钟，正好一小时。临走的时候他说一定要与大家告别握手，每个人都要握到，包括边上的服务人员，然后又把大家送到电梯口，直到电梯关上才走。"

这些事情看上去琐碎，但却表现出了李嘉诚对人诚挚的态度。不以身份尊贵取人，而是力求让每个人都有一个合适的落脚处，这样就没有谁会在这种场合感觉自己受到冷落了。

因此，一个人想要在自己的生活圈中树立典范，就要做到善于体谅他人。

▰ 原典

乐莫乐于好善，神莫神于至诚。

张氏注曰

无所不通之谓神。人之神与天地参，而不能神于天地者，以其不至诚也。

王氏点评

疏远奸邪，勿为恶事；亲近忠良，择善而行。子胥治国，惟善为宝；东平王治家，为善最乐。心若公正，身不行恶；人能去恶从善，永远无害终身之乐。复次，志诚于天地，常行恭敬之心；志诚于君王，当以竭力尽忠。志诚于父母，朝暮谨身行孝；志诚于朋友，必须谦让。如此志诚，自然心合神明。

译文

人生最大的快乐莫过于乐善好施，最明智的生活之道莫过于诚心待人。

黄石公智慧

《三字经》曰："人之初，性本善。"人生来都是善良的，只是由于后天环境的影响，有些人才误入了歧途，甚至变得凶残。我们要做的就是尽量保持善良的天性，远离会让自己变得不善甚至邪恶的人或事，做一个真诚待人、与人为善的人。

其实，在现实生活中，每个人每天都有可能面临着两种截然不同的生活，其中的差别就在于我们怎么选择：如果我们懂得付出、帮助、爱和分享，我们会生活在天堂；但如果我们总是自私自利，甚至损人利己，那么就会如同生活在地狱。地狱和天堂就在我们心里。

有一个人虔诚地向上帝祷告，他想看一看天堂和地狱到底有着怎样的差别。他的虔诚感动了上帝，上帝决定满足他的这个愿望。上帝先把他送到了地狱。在那里，这个人看到地狱的人正在吃饭，但奇怪的是，虽然满桌子山珍海味，但地狱里的所有人却都什么也吃不到嘴里，一个个面黄肌瘦，饿得嗷嗷直叫。原来他们使用的筷子有一米多长，他们只顾得争先恐后夹着食物往各自嘴里送，但因筷子比手长，所以无论如何也没办法把筷子夹的东西放进嘴里。

"地狱里的人真悲惨啊！"这个人想。

接着，上帝又把他带到了天堂。在这里，这个人看到天堂的人也在吃饭。但跟地狱里的人截然相反的是，这里的人个个红光满面，笑语连连。原来，虽然天堂里的人使用的也是一米多长的筷子，但跟地狱里不同的是——他们在互相喂对方！

天堂和地狱拥有同样的食物，相同的食具，相同的环境，但生活在那里的人的感受却有着天壤之别。说到底，天堂与地狱之间的差别，就在于做人的"一念"之差，心态不同，就会造成完全不同的结果。

爱默生曾说："此生最美妙的报偿就是，凡真心帮助他人的人，没有不帮助自己的。"

但是在现实生活中，许多人却信奉"人不为己，天诛地灭"的信条。他们自私贪婪，一味地希望能够"人人为我"，却从不愿去践行"我为人人"。结果却不可避免地导致他们在社会中无法获得安全感和关爱感。其实，假如人人都能够心怀他人，互相信任，互相帮助，即使有时候前提是功利性的，那么也会最终惠及自身。因为处在一个好环境之中，远比处于一个恶劣环境中能得到更多的精神及物质上的双重实惠。

善良是人性光辉中最美丽、最暖人的一缕。没有善良、没有人与人之间真正发自肺腑的温暖与关爱，就无法获得精神上的富有，无法感受幸福的真正意义。

原典

明莫明于体物。

张氏注曰

《记》云："清明在躬，志气如神。"如是，则万物之来，其能逃吾之照乎！

王氏点评

行善、为恶在于心，意识是明，非出乎聪明。贤能之人，先可照鉴自己心上是非、善恶。若能分辨自己所行，善恶明白，然后可以体察、辨明世间成败、兴衰之道理。复次，谨身节用，常足有余；所有衣食，量家之有无，随丰俭用。若能守分，不贪、不夺，自然身清名洁。

译文

若说明智，莫过于明辨事物的是非，看透事物的本质。

黄石公智慧

老子曾曰："大成若缺，其用不弊。大盈若冲，其用无穷。"意思是说：最完美的事物看起来好像总是残缺不全的，但它的地位和所起的作用永远不可忽视。最完美、最充盈的东西，看起来好像空洞无物不真实，但它的价值是不可限量、无穷无尽的。

老子总能以独到的眼光看到事物的本来面目，而事物的价值正是取决于它的本质。所以说，如果我们的目光只停留于事物的表面，必然会错过许多值得我们去拥有、去抓住的东西。

在老子的眼里，世间没有任何事物是绝对的、孤立存在的，同一个事物常常会以不同的面目呈现出来，关键在于用怎样的眼光去看待它。天堂或许就在地狱的隔壁，苦难也可成为一笔宝贵的财富，表面上看起来是祸，没准转瞬间就成了福。

古时候，塞外有一个老翁不小心丢了一匹马，邻居们都认为是件坏事，替他惋惜。塞翁却说："你们怎么知道这不是件好事呢？"众人听了之后大笑，认为塞翁丢马后急疯了。结果几天以后，塞翁丢的马又自己跑了回来，而且还带回来一群马。邻居们见了都非常羡慕，纷纷前来祝贺这件从天而降的大好事。塞翁却板着脸说："你们怎么知道这不是件坏事呢？"大家听了又哈哈大笑，都认为塞翁是被好事乐疯了，连好事坏事都分不出来了。结果过了几天，塞翁的儿子骑新来的马去玩，一不小心把腿摔断了。众人都劝塞翁不要太难过，塞翁却笑着说："你们怎么知道这不是件好事呢？"邻居们都糊涂了，不知塞翁是什么意思。不久之后，发生战争，所有身体好的年轻人都被拉去当了兵，派到最危险的第一线去打仗，而塞翁的儿子因为腿摔断了未被征用，可以留在家乡继续过安定幸福的生活。

"塞翁失马"的故事宣传的就是《道德经》里的辩证思想。基于这种辩证思想，可以让我们明白，即使表面看起来很吃亏的事，也有可能会带来意想不到的好处。

生活中的聪明人善于从吃亏当中学到智慧。"吃亏是福"也是一种哲理，其前提有两个，一个是"知足"，另一个就是"安分"。"知足"，则会对一切都感到满意，对所得到的一切充满感激之情；"安分"，则会使人从来不奢望那些根本不可能得到的或者根本就不存在的东西。没有妄想，也就不会有邪念。表面上看来，"吃亏是福"以及"知足""安分"这些思想会有不思进取之嫌，但是，这些思想确实能够教导人们成为对自己有清醒认识的人。换句话来说，懂得"知足"和"吃亏是福"的人才是真正的善于明辨是非、能够透过表面看到本质的聪明人。

原典

吉莫吉于知足，苦莫苦于多愿。

张氏注曰

知足之吉，吉之又吉。圣人之道，泊然无欲。其于物也，来则应之，去则无系，未尝有愿也。古之多愿者，莫如秦皇、汉武。国则愿富，兵则愿疆；功则愿高，名则愿贵；宫室则愿华丽，姬嫔则愿美艳；四夷则愿服，神仙则愿致。然而，国愈贫，兵愈弱；功愈卑，名愈钝；卒至于所求不获而遗恨狼狈者，多愿之所苦也。夫治国者，固不可多愿。至于贤人养身之方，所守其可以不约乎！

王氏点评

好狂图者，必伤其身；能知足者，不遭祸患。死生由命，富贵在天。若知足，有吉庆之福，无凶忧之祸。心所贪爱，不得其物；意在所谋，不遂其愿。二件不能称意，自苦于心。

译文

最大的福气就是知足，最大的苦就是想要得太多。

黄石公智慧

我们常说：知足者常乐。这不仅仅是一句谚语，也是一种值得所有人铭记在心的人生态度。只可惜很多人只是把这句话挂在嘴边而已，所谓"知足"总是被无情的物质主义浪潮所淹没。

还有些人认为"知足安分"有不思进取之嫌，但是，这种心态是人们对自己做一个清晰的评估时必不可少的。知足不是不进取,而是学会和现状平衡相处。

苏东坡旷达的人生态度在历史上是出了名的。宋神宗熙宁七年秋天,苏东坡由杭州通判调任密州知州。我国自古就有"上有天堂,下有苏杭"的说法,北宋时期杭州早已是繁华富足、交通便利的好地方,而密州地处偏远,交通状况、居处环境都没法儿和杭州相比。

苏东坡说他刚到密州的时候,连年收成不好,到处都是盗贼,物产十分匮乏,他和家人还时常把枸杞、菊花、野菜当作口粮,这种境况下,人们都认为苏东坡先生过得肯定不快活。

谁知苏东坡在这里过了一年后,人长胖了不说,甚至过去的白头发也变黑了许多。大家不知其中奥秘。苏东坡说:"我很喜欢这里淳厚的民风,而这里的官员百姓也都乐于接受我的管理。于是我有闲情自己整理花园,清扫庭院,修整破漏的房屋。在我家园子的北面,有一个旧亭台,稍加修补后,我时常登高望远,放任自己的思绪,做无穷遐想。往南面眺望,是马耳山和常山,隐隐约约,若近若远,大概是有隐君子吧!向东看是卢山,这里是秦时的隐士卢敖得道成仙的地方;往西望是穆陵关,隐隐约约像城郭一样,师尚父、齐桓公这些古人好像都还存在;向北可俯瞰淮水河,想起淮阴侯韩信过去在这里的辉煌业绩,又想到他的悲惨命运,不免慨然叹息。这个亭台既高又安静,夏天凉爽,冬天暖和,一年四季,早早晚晚,我时常登临这个地方。自己摘园子里的蔬菜瓜果,捕池塘里的鱼儿,酿高粱酒,煮糙米饭吃,真是乐在其中。"

其实,一个人一旦在自己的生活圈里找到依托,心就放宽了,就会不为物累,心地也会无私欲牵绊,自然就能随时随处去享受人生,从而苦亦乐,穷亦乐,困亦乐,危亦乐了!这是没有身历过其境的人所难以理解的。而那些真正有修养、品位高的人,他们能够时常活在内心丰盈的状态，但这种乐观绝不是对现状盲目乐观的精神胜利法，而是一种不受物役的知天乐天而又安于人事的精神境界。

▬ 原典

悲莫悲于精散，病莫病于无常。

张氏注曰

道之所生之谓一，纯一之谓精，精之所发之谓神。其潜于无也，则无生无死，无先无后，无阴无阳，无动无静。其舍于神也，则为明、为哲、为智、为识。血气之品，无不禀受。正用之，则聚而不散；邪用之，则散而不聚。目淫于色，则精散于色矣；耳淫于声，则精散于声矣。口淫于味，则精散于味矣；鼻淫于臭，则精散于臭矣。散之不已，岂能久乎？天地所以能长久者，以其有常也；人而无常，不其病乎？

王氏点评

心者，身之主；精者，人之本。心若昏乱，身不能安；精若耗散，神不能清。心若昏乱，身不能清爽；精神耗散，忧悲灾患自然而生。万物有成败之理，人生有兴衰之数；若不随时保养，必生患病。人之有生，必当有死。天理循环，世间万物岂能免于无常？

译文

世间最令人悲伤和痛苦的事莫过于心烦意乱、精神涣散，最大的病患莫过于内心不平静而导致喜怒无常。

■ 黄石公智慧

在生活中，欲望得不到满足的人常常东突西窜，却始终找不到一条出路，这都是因为欲望太多所以才无法看透迷茫的前途，而平心静气者却能自在活泼地勇往直前，因为这才是合乎天地所具有的德性。

欲望与生俱来。生命开始之时，欲望便随之产生了。饿了要吃饭，冷了要穿衣，这是人的本能。人类绵延生息不绝，正是本能的欲望在后推动。生命停止，欲望则消失。遏制欲望又会让人生机滞塞，导致出现种种心理问题。同时，人的欲望的宣泄又是生命消耗的过程。所以，有效地节制欲望，是构建和升华生命，延长寿命和提高生活质量的必由之路。

清代陈伯崖写的对联中有这样一句——人到无求品自高。这里说的"无求"，不是说对学问漫不经心，对事业不求进取，而是告诫人们要摆脱功名利禄的羁绊和低级趣味的困扰。有所不求才能有所求，无求与自强是不可分割的。但对这些身外之物，必须有一个清醒的认识，保持一定的警觉。一个人只有抛开私心杂念，砸掉套在脚上的镣铐，心地才能宽阔，步履才能轻松，才能卓有成效地干一番事业。

人在心理上应该追求一定的平衡，欲望少了就会缺乏动力，欲望太多就会心烦意乱，智者应该让自己时常保持在精神愉悦的状态，既不否定欲望，也不放任欲望。

━ 原典

短莫短于苟得，幽莫幽于贪鄙。

张氏注曰

以不义得之,必以不义失之;未有苟得而能长也。以身殉物,过莫甚焉。

王氏点评

贫贱人之所嫌,富贵人之所好。贤人君子不取非义之财,不为非理之事;强取不义之财,安身养命岂能长久?!美玉、黄金,人之所重;世间万物,各有其主,倚力、恃势,心生贪爱,利己损人,巧计狂图,是为幽暗。

译文

人生最短视的事莫过于求取不义之财,人生最愚昧的莫过于贪得无厌,为人鄙陋。

黄石公智慧

避害趋利,是人的本能,这不但无可厚非,甚至在很多情况下是合理的选择。为吃穿而奔波,为富裕而奋斗,为地位而努力,为改变环境而拼搏,只要手段正当,没有危害他人,有何不可?

孔子说:"吃粗粮,喝白水,弯起胳膊当枕头,这其中也充满生活的乐趣。用不义的手段取得富贵,对我来说,就像天上的浮云一样。"

西汉时有个人叫疏广,博学多才,尤其精通《春秋》。由于他学问渊深,当得知他在家乡开馆授课后,四方学者不远千里而来。朝廷得知后,征调他去都城长安,任命他为博士太中大夫。后来,宣帝又拜请他为东宫皇太子的老师。再后来,他告老还乡之时,临行前宣帝赏赐他黄金二十斤,皇太子又赠以黄金五十斤。其他公卿大臣也分别馈送财物,并特意在京城的东郭门外为他设宴饯行,送行的车子足有数百辆。

说也奇怪，疏广回到家乡以后，竟然绝口不提购置良田美宅之事，而是将所得财物赈济给乡党宗族，还拿出很多钱财并用以宴请过去的故旧亲朋。不仅如此，他还几次询问管家剩余钱财的数目，意思是要把这些财物全部散尽。这可把疏广的儿孙们急坏了，但碍于疏广的威严，他们都不敢多说什么，只好私下请了几个平时与疏广要好的老朋友，希望他们能劝劝他，给子孙后代也多少留点依靠。几位老朋友也觉得他这样做有些不太妥当，于是便劝他要多为儿孙们着想，置办一些家产。

疏广笑着说："你们以为我是个老糊涂，不把子孙后代的事情惦挂在心上吗？我家里本来还有房舍和土地，只要子孙们勤劳节俭，努力经营，精打细算，维持普通人家的生活是不成问题的。"

几个老朋友又对他说："谁希望自己的儿孙过苦日子呢？"疏广说："如果现在忙于为子孙后代买地盖房。子孙们饭来张口，衣来伸手，不愁吃，不愁穿，反而会使他们变得懒惰，不求上进。一个人要是腰缠万贯，家中富足，那么，贤能的容易丧失志向，愚笨的则会变得更加蠢陋。再说，钱多容易招人怨恨，我过去忙于国事，对子孙的教育不够，如今不为儿孙们置办产业，正是希望他们能够自力更生，克勤克俭，这也是爱护和教育他们的一个办法啊！"几个老朋友觉得他说得有道理，也就不再多说什么了。

疏广对待子孙后代真是良苦用心。功利本是中性的，只是因人们在使用的时候态度不同，从而才导致了人生的沉浮不定。但做人的关键还是在于领悟生活的真谛，享受现有生活所给予的一点一滴的快乐。虽然，任何人都不会满足于吃粗粮、喝白水，但如果要用卑劣手段去攫取富贵，却是无法长久的。做人还是应该安贫乐道，这样才能换来良心上的轻松和精神上的舒畅。

原典

孤莫孤于自恃。

张氏注曰

桀纣自恃其才，智伯自恃其疆，项羽自恃其勇，高莽自恃其智，元载、卢杞自恃其狡。自恃，则气骄于外而善不入耳；不闻善则孤而无助，及其败，天下争从而亡之。

王氏点评

自逞己能，不为善政，良言傍若无知，所行恣情纵意，倚著些小聪明，终无德行，必是傲慢于人。人说好言，执蔽不肯听从；好言语不听，好事不为，虽有千金、万众，不能信用，则如独行一般，智寡身孤，德残自恃。

译文

最孤独的事莫过于自恃傲物。

黄石公智慧

世间的才子们最容易犯的一个错误就是恃才傲物，以为多喝了点墨水就可以出侯拜相，生活中总是一意孤行，听不进任何人善意的忠告。

骄傲的人自尊心是很容易被触碰到的，周围人的忠告根本入不了他们的耳。他们会认为别人的忠告是在侮辱自己。但真正有智慧的人，却是那些虚心接受别人的意见，而且还经常自我监督、自我批评的人。

明代有个叫高汝白的人,他中了进士以后,曾经培养过他的叔父写信督促他说:"你虽然考中了进士,但我并不为此高兴,反而因此感到担忧。今后你可能会逐渐放松对自己的要求,所以我希望你每天将自己的行为用笔记在本子上,然后寄给我。"

高汝白叹息着给叔父回信说:"我一直在您老身边长大,难道您还不了解我,难道还担心我会放纵自己吗?"

过后高汝白询问一个伴随在身边的老乡,自己有没有改变,老乡说:"比起往日是有些不同了。"他这才开始警觉起来,于是开始用一个本子把自己每天的言行记录下来。一段时间之后,当他翻看本子的时候,的确发现自己的缺点越来越多。他立即警醒了,从此开始激励自己努力学习,修养品德,并逐渐改掉了这些缺点。后来,他成为了一个以德行著称的人。

清朝有一位叫徐文靖的人,也是用类似的方法督促自己每天朝好的方面努力。

徐文靖在两个瓶子里分别放上黄豆和黑豆,每当自己做了一件好事,便往瓶子里投一粒黄豆,要是做了一件坏事,便往瓶子里投一粒黑豆。开始时,瓶子里黄豆少,黑豆多,而后日积月累,瓶里的豆子已经黄黑各半,久而久之,他的黄豆渐渐超过了黑豆。最终,他也在历史上留下了自己的名字。

这两个典故提醒我们,当局者迷,旁观者清,尤其在我们自鸣得意的时候,往往是走下坡路的时候。不爱闻过的人,最终只会偏离自己的人生道路,而且会越偏越远。

原典

危莫危于任疑。

张氏注曰

汉疑韩信而任之,而信几叛;唐疑李怀光而任之,而怀光遂逆。

王氏点评

上疑于下,必无重用之心;下惧于上,事不能行其政;心既疑人,勾当休委。若是委用心不相托;上下相疑,事业难成,犹有危亡之患。

译文

最危险的事莫过于任用自己不信任的人。

黄石公智慧

人们常说,"用人不疑,疑人不用",不过,对于这句话不能理解和实践得过于绝对。任用一个人是认可他的忠心和能力,但和全权交与他处理事务是两码事。尤其在安排工作给刚上任的新手的时候,需要安排老员工在一旁监督才不至于出岔子。但安排人监督并非是在感情上不信任新手,如果真的不信任对方,就不会委以重任了。

三国时的马谡在攻打孟获时向诸葛亮提出了"攻心"之策,从而赢得了诸葛亮的信任。但后来诸葛亮派马谡镇守街亭之时,还是安排王平作为马谡的助手,让他随时将马谡的用兵情况向自己汇报。诸葛亮是不信任马谡吗?当然不是,但事关国家大事,不能以个人感情作为衡量标准，安排人监督是完全合理的。

但在现实的职场中，许多人才却并不懂得这个道理。当他们被安排到一个较为重要的岗位上时，多半会显现出年轻气盛、恃才自傲的一面，如果领导派人监督他们的工作，他们就会认为自己受到了质疑，从而表现出诸多不满，还有一些人会因此质疑自己的能力，从而选择退出。

当然，领导对于自己予以重任的人也要拿出十足的信心，如果不够坦诚，就很可能会导致上下离心。在用人这一点上，汉光武帝刘秀就做得非常好。

当时，刘秀手下有一员大将叫冯异。刘秀转战河北时，屡遭困厄。一次行军在饶阳德伦河一带，弹尽粮绝，饥寒交迫，这时候冯异送上了仅有的豆粥麦饭，才使刘秀摆脱困境。而且，也是冯异首先推举刘秀称帝的。后来，各将领每每相聚各自夸耀功劳时，冯异却总是一人独避大树之下。因此，人们称他为"大树将军"。

冯异长期转战于河北、关中一带，深得当地民心，这也使河北、关中一带成为刘秀政权的西北屏障。冯异久握兵权，远离朝廷，心里也很担心被刘秀猜忌，于是一再上书请求回到洛阳。但西北地区又实在少不了冯异这样一个人，所以刘秀只能让他继续驻守在那里。

有一次，冯异率几十万大军征讨外虏，一路上所向披靡，声名远扬，震动朝野内外。冯异得胜回朝后，刘秀召见众将，对军功显赫的将领都一一予以加官晋爵、赐田封赏，唯独对冯异无封无赏。满朝文武百官无不迷惑，对此事议论纷纷。

刘秀对这些议论并不理睬，过了几日，下召说，让冯异率众将仍回西北驻守。一路上，冯异思绪如麻，不知皇上心中何意。

冯异刚回到西北军中大帐，皇上派的使者随后就赶到了。使者交给冯异一只盒子，冯异打开一看，全是信件，再一看信里内容，全是冯异在率兵出征期间，朝中大臣写给刘秀的奏章，他们在信中皆说冯异拥兵自重，控制关中，企图造反。这些信直看得冯异直冒冷汗。

冯异心想，皇上看了这些信，不但没杀我，还把这些信交给我，这说明皇上是信任他的，于是，冯异连忙上书自表忠心。

刘秀回书说："将军之于我，从公义上讲是君臣，从恩情上说就好比父子，我难道会对你猜忌吗？"自此，冯异对刘秀的忠心比前更甚。

刘秀真可谓驭人有术，手腕高明。他的这种处理方式，既可解释为对冯异深信不疑，同时又暗示了冯异朝廷早有准备；既是拉拢又是震慑，可谓一箭双雕。事实上，大多数人在处于刘秀的境况时都难免矛盾，他也一定为此挣扎过，但他的高明之处就在于能够静下心来，表现出对冯异的信任，在事情没有搞清楚之前，并没有随意揣测别人的用心。结果表明，刘秀的决定是正确的。

所以，不论在形势危急的情况，或者是在平时安排工作的时候，作为领导，一定要对自己任用的人有信心。即使事情真的有疑，也不要把疑心表露出来，因为这样做不仅于事无补，反而会让事情变得更糟糕。

原典

败莫败于多私。

张氏注曰

赏不以功，罚不以罪；喜佞恶直，党亲远疏；小则结匹夫之怨，大则激天下之怒，此多私之所败也。

王氏点评

不行公正之事,贪爱不义之财;欺公枉法,私求财利。后有累己、败身之祸。

译文

很多失败的事其根源就在于过分的自私自利。

黄石公智慧

一个人能否很好地活在这个世界上,很大程度上取决于他如何平衡自己与集体之间的利益。如果这个度没有平衡好,一味地自私,或者一味地注重公众利益,都会给自己招来祸端。

过分自私容易出现在那些无能的人或者很有能的人身上。无能的人无所忌惮,想到哪做到哪,从不顾任何人的感受,只为实现某种人生价值来抚慰自己受伤的自尊心。而有些人则因为权势熏天,觉得自己可以无所顾忌地去追逐私利,因此变得骄奢淫逸,最终引火烧身。所以,上天忌讳无能,但也忌讳自满。

人富了,就很容易产生骄横之心,富而不骄的人天下少有。然而,富者不能因为自己比别人富,就去欺压别人,否则会留下很大的祸患。东汉大将军梁冀在朝掌权 20 年,期间强占民田无数,洛阳近郊,到处都有他的花园和别墅。后来被抄家时,他的家产竟达 30 多亿两白银,这相当于当时全国一年租税收入的一半。同朝另一个大宦官侯览,前后霸占民宅 380 所。他的住宅,"高楼池苑,堂阁相望",雕梁画栋,类似皇宫。西晋大臣石崇和国舅王恺斗富。王恺用麦糖洗锅,石崇就用白蜡当柴烧。王恺用紫色丝绸做成长 40 里的步障,石崇就用织锦花缎做出更华丽的步障 50 里。后来梁冀、石崇、侯览都在"八王之乱"中被处死了。

当然，人自利的一面也是不能被全面否定的，但却要注意谋求利益的合理和合法性。一旦人的私欲决堤泛滥，就不可避免地会侵害到公众利益，甚至走上违法犯罪的道理，那样必然会招致怨恨和惩处。古往今来那些本来可以为国家、社会做很多贡献的人，最后多半都是因为私欲炽盛而引火甚至一败涂地。这是值得人们在现实中引以为戒的。

遵义章第五

张氏注曰:「遵而行之者,义也。」

王氏点评:「遵者,依奉也。义者,宜也。此章之内,发明施仁、行义,赏善、罚恶,立事、成功道理。」

遵义章第五

原典

以明示下者暗。

张氏注曰

圣贤之道，内明外晦。惟，不足于明者，以明示下，乃其所以也。

王氏点评

才学虽高，不能修于德行；逞己聪明，恣意行于奸狡，能责人之小过，不改自己之狂为，岂不暗者哉？

译文

在部下面前显示高明，一定会遭到愚弄。

黄石公智慧

老子认为"强大处下"，而"柔弱处上"，就是说一个人应该善于隐匿自己的锋芒，这样才能让自己利于不败之地。正所谓，明事难成，暗事好做。

春秋战国时期，楚庄王即位之前便受到内外的瞩目，因为他的祖、父亲都是很有作为的君主，楚国上下自然也都希望他能使楚国更加强盛。他即位后，邻近的小国也是危不自安，甚至连秦、晋两国也都密切注意楚国的动向。

然而出人意料的是，楚庄王即位后，根本不理国政，每日不是在宫中听音乐，饮美酒，就是与妃妾们寻欢作乐，有时还会率领卫士于深山大泽打猎，一副标准的玩世不恭的君主模样。

楚国的大臣们自然不忍心看着楚国的就此毁灭。于是便纷纷入宫劝谏，楚庄王却置之不理，依然我行我素。后来楚庄王听得厌烦了，就干脆在王宫外立了一道牌子，上面写着：敢入谏者死。这道令一下，楚国的大臣们再无人敢去劝谏了。

楚庄王在这种生活状态下过了三年。国王不理朝政，下面自然乱作一团：权臣们借机树党争权，谄谀小人们则逢迎拍马，捞取官职，贪官们更是浑水摸鱼，中饱私囊。楚国的政治渐渐陷入了混乱无序的状态，忠臣贤良别无他法，只能扼腕叹息。

这时候，楚国的大夫伍举实在无法再继续忍下去，他决定入宫进谏。

伍举入宫见到楚庄王时，楚庄王正左搂郑姬，右拥越女，喝着美酒，听着乐师们奏乐。见到伍举他问道："大夫是想喝美酒，还是想听音乐？"

伍举笑着说："臣既不想喝酒，也不想听音乐，而是听人们说大王智慧过人，所以想请大王帮臣解惑。"

楚庄王知道伍举是要借机进谏，但既然伍举没明说，他也没点破。

伍举便说："在楚国的一座高山上，停落着一只大鸟，它羽毛缤纷，异常华丽，可是三年来它既不鸣叫，也不飞走，臣实在不明白其中的原因，所以特来请教大王。"

楚庄王沉思片刻，说道："这不是一只平凡的鸟，它三年不鸣，是在积蓄自己的力量；三年不飞，是在等待时机以便看清方向。这只鸟不鸣则已，一鸣惊人；不飞则已，一飞冲天。你去吧，你的意思我都明白了。"

伍举听完楚庄王的解释后异常兴奋，出宫后立刻把这个消息告诉了自己的好友，同为楚国大夫的苏从。伍举对苏从说，国王是很有头脑的人，他是在等待时机，而绝不是一个沉溺酒色的荒淫君主，看来楚国还是大有希望的。

但几个月过去了，楚庄王不但没有丝毫改变，反而更加荒淫无度，苏从感觉自己受了骗，他舍身直闯王宫，直言进谏："您身为国王，不理国政，只知道享受声色犬马之乐，却不知道乐在眼前，忧在不远，不久就会有民众兴起作乱，敌国攻伐于外，楚国离灭亡不远了。"

楚庄王勃然大怒，拔出长剑，指着苏从的鼻尖，厉声叱道："大夫不知道寡人的禁令吗？难道你不怕死吗？"

苏从凛然正色道："假如我的死能让君王悔悟，能让楚国富强，我的死就是值得的。"

楚庄王看了苏从半响，忽然扔下长剑，双手拉住苏从的手感慨道："我等的就是大夫这样忠于国家，不怕死的栋梁啊。"于是，他挥手斥退歌男舞女，开始和苏从谈论起楚国的政务。苏从这才惊异地发现，国王对国家上下了解的比自己还要多。

楚庄王随后发布了一系列政令，把那些权臣政客、谄谀小人、贪官和不称职的官员该杀的杀，该罢职的罢职；把那些包括伍举、苏从在内的忠于国家、有才能、刚直不阿的人全都提拔上来。这样一番调整重组后，楚国的政治从贪浊混乱一下子变得清明朝气，富有活力。

楚庄王待国内基础巩固后不久便平定了周围附属小国的背叛，而后又挺进中原，夺得霸主地位，成为历史上著名的"春秋五霸"之一。

楚庄王即位时，楚国的情况表面上看来不错，但实际上隐患颇深。当时，国内权臣夺利，群臣良莠不齐，忠奸难辨。楚庄王故意收敛自己的锋芒，将真实的自己隐匿起来，装扮成一个荒淫君主，这样不仅解除了周围国家对自己的戒心，更消除了乱臣贼子的顾忌，让他们露出了自己的真面目。这样隐藏了三年后，楚庄王终于摸清了整个国家和大臣们的情况，然后在一帮贤臣的辅佐下立马施展霹雳手段，将楚国政治重振一新。

由此可见，做大事切不可急功近利，必要时要先学会隐藏锋芒，不过分暴露自己的意图，也不过分展示自己的才华，这就是一种"柔弱处上"的人生哲学，这也是不以明示下的人生智慧。

原典

有过不知者蔽，迷而不返者惑。

张氏注曰

圣人无过可知；贤人之过，造形而悟；有过不知，其愚蔽甚矣！迷于酒者，不知其伐吾性也。迷于色者，不知其伐吾命也。迷于利者，不知其伐吾志也。人本无迷，惑者自迷之矣！

王氏点评

不行仁义，及为邪恶之非；身有大过，不能自知而不改。如隋炀帝不仁无道，杀坏忠良，苦害万民为是，执迷心意不省，天下荒乱，身丧国亡之患。日月虽明，云雾遮而不见；君子虽贤，物欲迷而所暗。君子之道，知而必改；小人之非，迷无所知。若不点检自己所行之善恶，鉴察平日所行之是非，必然昏乱、迷惑。

译文

有过错而不能反省的人,一定会受到蒙蔽;走入迷途而不知返回正道的人,一定会神志惑乱。

■ 黄石公智慧

知错就改的智慧,自我反省的智慧,在任何时代都不会过时。孔子说:"丘有幸,苟有过,人必知之。"孔子承认自己犯有过错,并认为过错被别人发现是自己的幸事。他鄙视那些文过饰非的人,他说:"小人之过也必文。"他还说,"君子之过也,如日月之食焉。过也,人皆见之,更也,人皆仰之。"他认为君子的过错,好比日蚀和月蚀;他有过错,人人都看得见,他改正了,人人都仰望他,尊敬他。

每个人都会犯错误,人都是在不断犯错和不断改错的过程中逐渐成长起来的。我们都说同样的错误争取不犯第二次,但实际上这却是很难做到的,而且从效用上来说,也只会助长人苛求自己和他人的心态。善恶的区分很多时候是没有一个明确界限的,对错误的理解和认识不同,对待错误的态度也会不同。所以,明辨是非不是可以给出一个简单标准的事,而是需要人在社会中反复求索的。

因此一个人有这样的不足或那样的错误,是正常的,这些并不可怕,可怕的是自己没有意识到,又没有人及时指出;可怕的是讳疾忌医,不认真解决问题,而是遮掩问题。

及时省察是安生立命的一个很重要的素质,一个人如果不懂得自我省察,就会事事顺着本性来做。那样就会给人留下放荡不羁的印象,也会给自己的人生增加很多阻碍。

当然,自我省察不是要一个人无止境地追悔过去,因为眼前的路还是要走的,专注于怎么改善当下才是最重要的。所以,我们不仅不能苛求别人时时宽容我们的过错,同时也要宽容地对待别人的过错,容许别人犯错误。也就是说，人不但要有"既往不咎"的器量，还要有藏污纳垢的器量。

原典

以言取怨者祸。

张氏注曰

行而言之，则机在我，而祸在人；言而不行，则机在人，而祸在我。

王氏点评

守法奉公，理合自宜；职居官位，名正言顺。合谏不谏，合说不说，难以成功。若事不干己，别人善恶休议论；不合说，若强说，招惹怨怪，必伤其身。

译文

出言不逊而招致怨恨，必然带来祸害。

黄石公智慧

语言是交流思想感情的工具，没有语言，也就没有人类的发展。人们在交往中，没有语言作桥梁，无法传达心意，也就一事无成。不过，语言能成事，也能坏事，所以古人认为凡事少说为妙。不是不说话，而是该说的要说，不该说的就不要说，否则一言有失，就会酿成大祸。

忍言慎语，首先便是要戒除伤人的恶语，荀子说："伤人之言，深于矛戟。"意思是说，伤害别人的语言，比用尖锐的长矛和战戟刺伤人的肉体还要厉害。而最刺痛人的说话方式莫过于当众揭人短处。

短处人人都有，很多人自己心里也很清楚自己的短处，可是这个短处如果从别人嘴里说出来时往往就让人不舒服。俗话说：打人不打脸，骂人不揭短。没有一个人愿意让别人攻击自己的短处。若是不具备这起码的情商，总是说对方的短处，就很容易引发唇枪舌剑，导致两败俱伤的结果。

正所谓，"当着矬子，不说矮话"，就是告诫人们在与人交际应酬中，不要伤及他人的自尊。别人有问题，我们可以委婉地指正出来，但不要失了分寸，用言语取祸。

原典

令与心乖者废，后令缪前者毁。

张氏注曰
心以出令，令以心行。号令不一，心无信而事毁弃矣！

王氏点评
掌兵领众，治国安民，施设威权，出一时之号令。口出之言，心不随行，人不委信，难成大事，后必废亡。号令行于威权，赏罚明于功罪，号令既定，众皆信惧，赏罚从公，无不悦服。所行号令，前后不一，自相违毁，人不听信，功业难成。

译文
颁布法令与民意相违背，必然导致政令偏废；号令前后不一，让下属无所适从，事业必然会荒废。

■ 黄石公智慧

法者，律也，是人们社会活动的行为准则。峻法，即法律的严厉，法律的威严。治国不能不讲法，人人遵纪守法是实现国泰民安的重要基础。

梁启超在总结历史的经验后指出："立法善者，中人之性可以贤，中人之才可以智。不善者反是，塞其耳目使之愚，缚其手足而驱之为不肖，故一旦有事，而无一人可以为用也。"也就是说，立法完善与否，直接影响到官吏和百姓的素质，进而影响到国运的兴衰。

立法的好坏，执行的好坏，与当政者是有密切关系的。

法律的作用，不只是用来惩处那些已经犯罪的人，同时也应对未犯罪者也有预防和教育的作用。严于执法是体现法律的正义和威严，而预防和教育则体现了法律的仁德。

不过，"有法必依，违法必究"说起来容易，做起来难。难在哪里？一是权与法的关系难以摆正，二是情与法的矛盾难以处理。忌惮当权者的权力，执法宽松，睁一只眼闭一只眼，或对民众执法太严，不考虑人情，都会与民意相违背，这样做的结果必然是政令难以施行。商场如战场，管理企业也如同治军。治军讲究为将者一言九鼎，让士兵感到军令如山，没有讨价还价的余地，这才是一个将军应有的魄力。在企业中，管理者就是将军，一定要拿出将军的魄力去向员工传达自己的想法和理念，做到下令不随便，令出要如山。

同时，在企业管理中，需要注意的是，该命令时不可犹豫，而不该命令时也不能随便下令。作为一名领导，最忌讳的就是滥发命令。随意施令，只会让你的属下感到反感，然后把你的命令看轻，不遵照执行，如此，你的威信就会一落千丈。

另外，领导者下达命令之后，难免有些人会故意不听号令，他们或许是性情乖戾的员工，或者是与你同期进企业的同事，也可能是比你年长的员工。这时候，如果你自己手上的确有生杀大权的话，就要对带头"作乱"的人予以坚决的处分，否则，"有令不行"将会变成常态。

原典

怒而无威者犯。

张氏注曰

文王不大声以色，四国畏之。故孔子曰：不怒而威于斧钺。

王氏点评

心若公正，其怒无私，事不轻为，其为难犯。为官之人，掌管法度、纲纪，不合喜休喜，不合怒休怒，喜怒不常，心无主宰；威权不立，人无惧怕之心，虽怒无威，终须违犯。

译文

只知道发怒，而不知道如何树立权威，一定会受到下属的侵犯。

黄石公智慧

领导与下属之间是上下级的关系，权力是维系这种关系的基础。权力就意味着权威，领导必须要有权威。为了更有效地运用权力，提高工作效率，领导权威的树立是很关键的。

员工最喜欢什么样的管理者？从人性角度而言，当然是喜欢那些平易近人、心慈手软的上司，或者是关心员工需求、秉公办事的领导。在这样的管理者手下做事,员工的自由度很高,这样的领导谁不喜欢?但客观地说,管理者不是为了迎合众人的心意而存在的,他应该谋求的是公司利益与个人利益的平衡,要为企业创效益,这才是管理者最大的职责。如果一味地求慈寻义,只会宠出员工们的怠慢之心,致使整个团队人浮于事,那样的话,企业的生存与发展又从何谈起?有句古语叫做"慈不掌兵,义不守财",说的正是这个道理。

《孙子兵法》有言:"厚而不能使,爱而不能令,乱而不能治,譬如骄子,不可用也。"可见,掌兵不是不能有仁爱之心,而是不宜仁慈过度。如果当严不严、心慈手软,姑息迁就、失之于宽,乃至"不能使""不能令",当然就不能掌兵。

战国时期,兵法家孙武去见吴王阖闾,与他谈论带兵打仗之事,说得头头是道。吴王心想,"纸上谈兵有什么用,让我来考考他。"于是便让孙武替他训练姬妃宫女。孙武挑选了一百个宫女,让吴王的两个宠姬分别担任队长。

孙武将列队练兵的要领讲得清清楚楚,但正式喊口令时,这些宫女们却不听号令,笑作一堆,孙武再次讲解了要领,并要两个队长以身作则,然后他又开始喊口令,可是宫女们依然在那笑成一团,两个当队长的宠姬更是笑弯了腰。孙武严厉地说:"这里是演武场,不是王宫;你们现在是军人,不是宫女;我的口令就是军令,不是玩笑。军令不明,这是为将者的失职。如今我已申明再三,两个队长还是带头不听指挥,这就是公然违反军法,理当斩首!"说完,便叫武士将两个宠姬推出去杀了。

吴王阖闾得知这一情况后立马向孙武求情,孙武说:"大王既然已经把她们交给我来训练,就必须依照军法来处治,任何人违犯了军令都该接受制裁,这是不能例外的。"最终,吴王的两位庞姬还是被孙武下令斩首了。宫女们见孙武的法令如此严厉,都吓得脸色发白。第三次发令,没有一个人敢再开玩笑了,令行必出。吴王阖闾看后,终于认可了孙武的带兵能力。

在现代企业管理中,许多管理者都曾遇到过孙武曾遇到的这种情况。所以,为了整肃企业纪律,当发现员工不服从管理的时候,一定要像孙武一样,用一些有力的手段来进行整治。这样才能有效地管好团队里的每个员工,从而促进企业的发展。

原典

好众辱人者殃。戮辱所任者危。

张氏注曰

己欲沽直名而置人于有过之地,取殃之道也!

王氏点评

言虽忠直伤人主,怨事不干己,多管有怪;不干自己勾当,他人闲事休管。逞著聪明,口能舌辩,伦人善恶,说人过失,揭人短处,对众羞辱;心生怪怨,人若怪怨,恐伤人之祸殃。

译文

喜欢当众责备侮辱他人的人早晚要遭殃,苛求责难委以重任的人会让自己更加危险。

黄石公智慧

用人之道最忌讳的是激起下属的怨恨,而有些不高明的领导者却偏偏喜欢在这个问题上和下属过不去,动不动就当众指责他们,有一点小过错就大做文章，这样的领导者迟早会众叛亲离。

孔子说："凡事多责备自己而少责备别人，就可以避开怨恨了。"做人要宽容一点，要允许别人犯错误，宽容自会得回报。尤其是做领导的人，如果能宽恕下属的一些小错误，下属往往会加倍努力，做得更好，并寻找机会证明自己的能力。

春秋时，楚庄王有一次与群臣宴饮。当时是晚上，大殿里点着灯，正当大家喝酒喝得酣畅之际，突然一阵风把灯烛吹灭了。

这时，庄王身边的美姬"啊"地叫了一声，庄王问："怎么回事？"美姬对庄王说："大王，刚才有人非礼我。那人趁着烛灭，牵拉我的衣襟，摸我的手。我摘下了他帽子上的系缨，赶快点灯，抓住这个断缨的人。"

庄王听了，说："是我赏赐大家喝酒，酒喝多了，人难免会做些出格的事，没什么大不了的。"于是命令左右的人说："今天大家和我一起喝酒，如果不扯断系缨，说明他没有尽兴。"筵席上的群臣马上都扯断了系缨继续畅饮，最后君臣尽欢而散。

过了七年，楚国与晋国打仗，有一位将军常常冲在前边，勇猛无敌。战斗胜利后，庄王忍不住问他："我平时对你并没有特别的恩惠，你打仗时为何这般卖力呢？"

这位将军回答说："我就是七年前那天夜里被扯断了系缨的人。"楚庄王听后感慨良多。

历史上类似的故事还有许多。

春秋时期，秦穆公的一匹良马被岐下三百多个乡民偷着宰杀吃了，秦国的官吏打算处决这些人。

秦穆公说："我不能因为一条牲畜就杀掉三百多人，听说吃了良马肉，如果不喝酒，对身体会有害。赏他们喝酒，然后把他们全放了吧。"

后来，秦国和晋国在韩原交战，这三百多人闻讯后都奔赴战场帮助秦军。正巧穆公的战车陷入重围中,形势十分危急。这三百多人便高举武器,争先恐后地冲上去与晋军死战,晋军的包围被冲散,穆公才得以脱险。

领导者宽容属下的无心之过,或者原谅他们一时的鲁莽之举,做下属的也必定会感激非常,而这时候如果领导求全责备只会让下属徒增怨恨。所以,那些刻意寻求他人过错,动辄对人大声责骂的管理者,无异于在做蠢事。

■ 原典

慢其所敬者凶。

张氏注曰

以长幼而言,则齿也;以朝廷而言,则爵也;以贤愚而言,则德也。三者皆可敬,而外敬则齿也、爵也,内敬则德也。

王氏点评

心生喜庆,常行敬重之礼;意若憎嫌,必有疏慢之情。常恭敬事上,怠慢之后,必有疑怪之心。聪明之人,见怠慢模样,疑怪动静,便可回避,免遭凶险之祸。

译文

怠慢自己原本敬重的人,必然会招致不幸。

■ 黄石公智慧

三国时代人才辈出。人们谈论三国时常说:"曹操挟天子以令诸侯,占了天时；孙权雄踞江东，占了地利；刘备既无天时也无地利，靠的是人和。"

确实如此。论个人才干，刘备并非一流人物。他的才能和三国里的各路英雄相比，都是很普通的，但为什么他可以成就霸业？其实他依靠的不是自身的才干，而是得益于众多的英豪聚集在他周围，如诸葛亮、庞统、徐庶、关羽、张飞、赵云、马超、黄忠等。刘备正是靠这些人的力量才崛起并雄霸一方，建立了蜀国，成就了一代霸业。

刘备善于知人，能够礼贤下士，对人才能做到推心置腹，始终信任。这是他能够团结众多人才的重要品质。"远得人心，近得民望"，是刘备成功的一个重要因素。他具有非凡的感召力和亲和力，如果没有这种潜在的道德形象与道德感染力，刘备是不可能成就大业的。

刘备在遇到诸葛亮之前，一直是屈居人下。自打参加镇压黄巾军的起义军之后，他一直没有自己固定的地盘，更没有政治势力，一直辗转于公孙瓒、陶谦、曹操、袁绍、刘表等人门下，四处奔波劳碌，一无所成。后来，他身边聚焦了关羽、张飞、赵云等人。

再后来，刘备宽仁的胸襟又引来了诸葛亮为其效力，并终成霸业。不过，刘备后来却怠慢了诸葛亮。其实纵观刘备的一生，未得诸葛亮前，他抑郁困顿。得诸葛亮后，他事业一直顺风顺水。但后来因为尝到了身为人主的滋味，他便对诸葛亮渐渐怠慢了，以致后来一意孤行，为了报关羽的仇，消耗掉了蜀汉70万的兵力。对比他过去三顾茅庐、礼贤下士的仁者风范，后来兵败的结果在很大程度是他刚愎自用、怠慢贤士导致的。

由此可见，如果不能对贤达之人一以贯之地信任和重用，必然会导致不良的后果，这一点在现代企业管理中的借鉴意义同样深刻。

原典

貌合心离者孤，亲谗远忠者亡。

张氏注曰

谗者，善揣摩人主之意而中之；而忠者，推逆人主之过而谏之。谗者合意多悦，而忠者逆意多怨；此子胥杀而吴亡，屈原放而楚灭是也。

王氏点评

赏罚不分功罪，用人不择贤愚；相会其间，虽有恭敬模样，终无内敬之心。私意于人，必起离怨；身孤力寡，不相扶助，事难成就。亲近奸邪，其国昏乱；远离忠良，不能成事。如楚平王，听信费无忌谗言，纳子妻无祥公主为后，不听上大夫伍奢苦谏，纵意狂为。亲近奸邪，疏远忠良，必有丧国、亡家之患。

译文

与人貌合神离，必然陷入孤独的境地；亲近奸谗小人，远离忠良之士，必然遭遇灭亡的厄运。

黄石公智慧

学会与人相处，是一门大学问。古往今来，不知道多少人因为在这个问题上出了差错而一败涂地。一件事情是否能够成功，很多时候不是一个人所能决定的，当然，也不是说有一帮人齐心协力就能把事情做成，而是说人与人之间如果能够相互交心，就会给工作和生活带来很大的改善，也能消除人生中的很多障碍。而如果一个人的生活圈比较狭窄，而且与其中的人总是貌合神离，就会感觉很孤独。这样的人是不容易融入生活和集体的，被边缘化，甚至被淘汰都是有可能的。

另外，亲谗远忠带来的后果是更为严重的，古往今来，类似的教训不胜枚举。

战国时期，魏国国君魏文侯准备发兵攻打中山国。这时候，有人向他推荐了一位名叫乐羊的人，说他文武双全，领兵有方。可是也有人说乐羊的儿子乐舒正在中山国做大官，恐怕乐羊会有所保留。后来，魏文侯了解到乐羊曾拒绝儿子奉中山国君之命的邀请，而且还劝儿子"弃暗投明"。于是，魏文侯决定启用乐羊，让他带兵征伐中山国。乐羊率兵攻击中山国的都城，而后围而不攻。

几个月过去了，魏国的大臣们议论纷纷，都说乐羊在徇私情。但魏文侯却没有听信这些传言，只是不断派人去慰问乐羊。又过了一个月，乐羊见时机成熟了便开始下令攻城，并一举获得了成功。乐羊带兵凯旋，魏王亲自为他接风洗尘。宴会之后，魏王送给乐羊一只箱子，让他带回家再打开。乐羊回家后打开箱子，见里面全是在攻打中山国期间一些大臣诽谤他的奏章。乐羊十分感动，从此君臣之间更加相互信任了。

可以说，魏文侯决定启用并授予乐羊兵权后，在乐羊久围中山国都城而不攻、许多大臣煽风点火的情况下也曾经起过疑心，但是他却能够分析利害，并最终打消了心中的顾虑，一如既往地支持乐羊。

乐羊在战略上和魏国的大臣意见相左，其实是为了争取天时。魏国的大臣未必是奸谗小人，这里凸显的是魏文侯对待自己赋予重任的人能够一以贯之的态度。如果管理者对待自己曾经信任的人能够善始善终，就会少掉很多烦恼和挣扎，也更有利于大业的完成。

原典

近色远贤者昏,女谒公行者乱。

张氏注曰

如太平公主,韦庶人之祸是也。

王氏点评

重色轻贤,必有伤危之患;好奢纵欲,难免败亡之乱。如纣王宠妲己,不重忠良,苦虐(雪楷义)万民。贤臣比干、箕子、微子,数次苦谏不肯;听信怪恨谏说,比干剖腹、剜心,箕子入宫为奴,微子佯狂于市。损害忠良,疏远贤相,为事昏迷不改,致使国亡。后妃之亲,不可加于权势;内外相连,不行公正。如汉平帝,权势归于王莽,国事不委大臣。王莽乃平帝之皇丈,倚势挟权,谋害忠良,杀君篡位,侵夺天下。此为女谒公行者,招祸乱之患。

译文

贪恋女色而远离贤明之人,会因为让女人干涉朝政而导致社会动乱。

黄石公智慧

自古以来,虽然人们常说,自古红颜多祸水,但实际上,许多祸并不在于女色本身,而在于当权者对女色的贪恋。贪色之徒多是碌碌无为之辈,他们忠奸不分,庸贤不辨,凡能讨自己欢心,奉送美色者便重用之,除此之外一切都不重要。贪念一起,则利令智昏,江山难保不说，最后甚至会搭上身家性命。

明武宗朱厚照生性荒淫好色，在位期间，他曾让宦官依照京师店铺在宫中设店，让太监扮作老板、百姓，自己则扮作富商，以此取乐。如果碰到争议，便叫宦官充当市正调解。而且，在酒店中还有所谓当垆妇供武其宗淫乐。另外，武宗还在西华门侧修建享乐用的豹房，日夜居于其中，命教坊乐工陪侍左右，纵情享乐。荒淫无道的武宗只顾享乐，甚至连宫殿也不去了。那些教坊乐工也因得到皇帝的宠幸而变得越来越嚣张。

原本，武宗并非如此无道，他的堕落可以说跟宠臣江彬有着很大的关系。武宗十分宠信武将江彬，最初是由于江彬作战英勇。在一次平定反叛的战斗中，江彬中了三箭，有一箭是从耳朵后面穿出，但江彬拔出箭后继续战斗。后来，江彬为了进一步得到皇帝的喜欢，便经常刻意怂恿武宗微服出访。当然这样做的目的不是要让皇帝了解民间疾苦，而是引他到教坊寻欢作乐。武宗从小长在深宫，宫里规矩太多，一直觉得没有意思。被江彬引到民间之后，真可谓"乱花渐欲迷人眼"，久而久之，自然无心再顾及朝政大事了。

后来，江彬又对皇帝说："宣府乐工中有很多美女，不如到那里走走，既可以了解边境的情况，还可以寻寻开心，何必闷在深宫中。"武宗听了很高兴，于是便微服远行经昌平。一行人到了居庸关之后，武宗传令开关。巡关御史张钦拒不奉命，持宝剑坐在关门下。武宗不得已，只好返回昌平。几天后，张钦出巡白羊口，武宗急忙下令，让谷大用代替张钦，并乘机出关，九月间到达宣府。

自此，武宗开始每天出入教坊，和女人们混在一起。与此同时，江彬在宣府为武宗营建镇国府第，将巡游途中收取的妇女都纳入府中。武宗每次夜行，看见高屋大房，就驰入索取宴饮，或搜取美女。

当时延绥总兵马昂被罢了官，听说皇帝喜欢美色，就把一个妹妹献给了武宗。马昂的妹妹不仅长得漂亮，还会唱歌，骑马射箭也样样精通，武宗得之十分高兴。当时有个叫毕春的官员，妻子长得很美，马昂不顾其已怀有身孕，强行将其夺来献给了武宗。武宗见了美色，十分着迷，立即任命马昂为右都督。自此，武宗变得越来越荒淫了。

有一天，武宗来到马昂的家中，要求马昂把妾献给他，马昂没有答应，武宗大怒离开。事后马昂有些害怕，就巴结太监张忠进，请他从中斡旋，并把自己的妾杜氏献了出来，又献上美女四人，武宗这才转怒为喜，又升了马昂的官。

皇太后死的时候，武宗前去拜祭，江彬一路上抢了许多女人，供其淫乐。靠着和皇帝的这层关系，江彬在朝中气焰熏天，甚至达到了只手遮天的地步。

由于武宗贪婪成性，不理朝政，社会矛盾愈加激化，各地都出现了大规模的民众起义。与此同时，统治集团内部，朱宸濠也起兵反叛，明王朝的衰落就此拉开了序幕。而明武宗这个荒淫的皇帝，最后也只活了三十一岁。

若不是因为庞信江彬这样的奸臣，明武宗的下场或许不会如此悲凄。但历史不会重来，好色宠奸之人必定不会有好下场。

▬ 原典

私人以官者浮。

张氏注曰

浅浮者，不足以胜名器，如牛仙客为宰相之类是也。

王氏点评

心里爱喜的人，多赏则物不可任；于官位委用之时，误国废事，虚浮不重，事业难成。

译文

以个人喜欢、关系亲疏来任用官员，就会导致政事虚浮。

黄石公智慧

在人事任用上，有许多领导都会任人唯亲，即不看能力，只看与自己的关系远近，对于那些虽有才干，但自己讨厌或与自己有嫌隙的人是无论如何也不会加以重用的。如此一来，必定会导致人才的滥用和浪费，从而为企业和组织的健康发展带来极大的隐患和阻力。

一般来说，掌权者可以因个人的喜好去赏赐钱财，却不可以因个人的好恶任用官职。这是北魏皇帝高允的弟弟高祐对高允治理政事的告诫。高祐认为用人要不徇私情，不要把个人的好恶与官职的任免牵扯在一起。如果以个人的好恶选择官员，那就会耽误国事。

对于公司和组织的管理者来说也是如此，如果在工作中与自己抵触的人太多，工作就无法正常进行，但如果全是附和自己意见的人，那整个团队也会因此失去活力。一个事物，或者一个人的发展其实并非由一种因素促成，而是取决于各种力量的牵扯作用。当然，积极的因素要始终占主导层面才能带给团队更好的发展。

一个真正有智慧的管理者，往往含而不露，他们大多很注重事物发展的平衡性，能够做到和而不同。而一个喜欢排斥异己的管理者，他所带领的团队也不可避免地会表现出轻浮的倾向。

■ 原典

凌下取胜者侵，名不胜实者耗。

张氏注曰

陆贽曰："名近于虚，于教为重；利近于实，于义为轻。"然则，实者所以致名，名者所以符实。名实相资，则不耗匮矣。

王氏点评

恃己之勇，妄取强胜之名；轻欺于人，必受凶危之害。心量不宽，事业难成；功利自取，人心不伏。霸王不用贤能，倚自强能之势，赢了汉王七十二阵，后中韩信埋伏之计，败于九里山前，丧于乌江岸上。此是强势相争，凌下取胜，返受侵夺之患。心实奸狡，假仁义而取虚名；内务贪饕，外恭勤而惑于众。朦胧上下，钓誉沽名；虽有名禄，不能久远；名不胜实，后必败亡。

译文

所享受的名声超过自己的实际才能，即使耗尽精力也处理不好政事。

■ 黄石公智慧

一个人之所以盛气凌人，傲慢自负，自我感觉良好，或是因为某一方面高人一等，优人一招，先人一步，或者是并无过人之处，只是虚张声势，故弄玄虚罢了。不管属于哪一种类型，傲慢都是在过高地评价自己。自负的后果必然是使自己陷入困境，进而导致失败，这方面的教训太多了,也太深刻了。

杨修为什么会招来杀身之祸?还不是因为他自恃才高、傲气太盛,他的傲气惹恼了曹操,日积月累,最终因"鸡肋"命丧黄泉。

闯王李自成率大军驰骋疆场,转战东西,其气势之浩大如排山倒海,不可遏止,可为什么最终也会惨遭失败呢?同样是因为傲气。闯王率大军进驻北京城后,张灯结彩,天天过年,结果傲气磨钝了起义军的锐气,使起义功败垂成,给后人留下了无尽的遗憾。

《三国演义》中的《关云长大意失荆州》一节与其说关羽是因为大意失去了荆州,还不如说因为自傲更确切一些。吕蒙正是抓住了关羽的这个"傲",才故意称病让陆逊顶替位置迷惑关羽的。结果关羽果然中计,撤走了防守东吴一方的兵马,降低了对东吴兵马的预防,才使得吕蒙偷袭成功,丢掉了赖以保身的荆州,落了个败走麦城、兵败被杀的悲惨结局。

有傲气的人大都从个人着眼,一切从个人出发,张扬自己无视他人,以一己之私傲视万物于脚下,这时的傲气就成为羁绊个人发展、破坏群体关系的一剂毒药,它所导致的是一种唯我独尊、目空一切、自高自大的自恋情结,同时相行而生的是一种排斥他人、拒绝合作、蔑视群体、崇尚个人的排他情结,从而形成一种自恋自娱的狭隘的个人空间。

原典

略己而责人者不治,自厚而薄人者弃废。

张氏注曰

圣人常善救人而无弃人;常善救物而无弃物。自厚者,自满也。

非仲尼所谓："躬自厚之厚也"。自厚而薄人，则人才将弃废矣。

王氏点评

功归自己，罪责他人；上无公正之明，下无信、惧之意。赞己不能为能，毁人之善为不善。功归自己，众不能治；罪责于人，事业难成。功名自取，财利己用；疏慢贤能，不任忠良，事岂能行？如吕布受困于下邳，谋将陈宫谏曰："外有大兵，内无粮草；黄河泛涨，倘若城陷，如之奈何？"吕布言曰："吾马力负千斤过水如过平地，与妻貂蝉同骑渡河有何忧哉？"侧有手将侯成听言之后，盗吕布马投于关公军士，皆散吕布被曹操所擒斩于白门。此是只顾自己，不顾众人，不能成功，后有丧国，败身之患。

译文

对自己马虎，对别人求全责备的人，无法处理政事；对自己宽厚，对别人刻薄的人，一定被众人遗弃。

黄石公智慧

有了功劳都归给自己，有过失就归给别人，这样的领导没有哪个下属会真心拥戴和信服。一个人的本事不仅仅体现在其个人能力上，还体现在能否合理分配利益以及能否有所担当上。

领导者敢于承认错误，敢于承担责任是明智而勇敢的表现，这样做不但能融洽人际关系，创造和谐氛围，而且还能提高自己的威望，增进下属之间的信任。当然，只是简单地被动认错是不够的，最好能适时地进行自我批评，适时地采取一些"罪己"措施。

"罪己术"是古代帝王通过怪罪和责罚自己以取悦民众，从而达到缓和矛盾，凝聚人心的一种常用手段，通常以"罪己诏"的形式公布。

论其起源，当从禹、汤开始。此后，周成王、秦穆公、汉武帝、唐德宗、宋徽宗、清世祖，都曾经颁发过"罪己诏"。罪己诏大多是在阶级矛盾异常尖锐、国家处在危难时颁发的，目的是为了消除民怨，重新凝聚人心，其中包含着帝王对自身过错和失败的反省、忏悔。

人都会犯错，但犯错后究竟是敢于自我省察，还是将过错归咎给别人，这就是两种命运的分水岭。大禹、商汤因为敢于罪己，所以他们所兴建的政治伟业兴盛而且蓬勃发展，桀、纣将过错归给别人，所以他们消亡得也很快。

当然，罪己术的运用形式不仅仅只限于所谓的"罪己诏"，而且对于当权者来说，有时候也不可对自己过分苛责。最好的效果是，既要起到凝聚人心的作用，又要使自己免受过分的惩罚。

建安三年，曹操率兵东征。当时正是农历五月，恰逢麦收季节。由于连年战火，许多田地都荒芜了。在行军之时，曹操看到农夫们正在忙着收割，于是便传令说："凡是踩踏麦田者，罪当斩首！"

不凑巧的是，他们刚走了没多久，一只大野兔突然从麦田里窜了出来，穿过路面。曹操的马匹被惊，一下子脱缰窜进了麦田。等到曹操回过神来勒紧缰绳时，一大片庄稼已经被踩坏了。面对眼前这一意外的突发事件，大家都惊呆了。曹操大声地说："我定的军规，我自己违犯了，请主簿给我定罪吧！"

主簿说："法不加重。将军不必介意此等小事。"

曹操说："军令是我制定的，我怎么能亲自破坏呢？"不过他接着又说："我是主帅，主帅一死，也就没人带你们去打仗了！"众人忙说："是呀，还请将军以社稷为重啊！"

曹操见大家都劝说，便说："这样吧，我削发代首，等战事结束再论罪吧。"于是，拔剑割下自己的一缕头发，传令告示三军。

我们从曹操身上可以学到，领导如果犯了错，也要坦诚地承认错误，但如有意外情况发生，也要懂得灵活地去处理。

▇ 原典

以过弃功者损。

张氏注曰

措置失宜，群情隔息；阿谀并进私徇并行。

王氏点评

曾立功业，委之重权；勿以责于小过，恐有惟失；抚之以政，切莫弃于大功，以小弃大。否则，验功怨过，则可求其小过而弃大功，人心不服，必损其身。

译文

因为微小的过错就把别人过去的功绩否定掉，必将大失人心。

黄石公智慧

尚贤、用贤是中华民族的优良传统。孔子的治国方略是"先有司，赦小过，举贤才"。所谓"赦小过"，就是宽容别人的小过失。"赦小过"的主要作用在于调动一切积极因素，团结一切可以团结的力量。当然，也包括那些曾经犯过错误但愿意改正的人。俗话说："金无足赤，人无完人。"作为领导，如果事事求全责备，总是抓着别人的缺点和错误不放，底下的人就很难立足了。这样不但不利于工作开展，也会让整个团队呈现出紧张的氛围，甚至导致分崩离析的后果。历史上有许多有远见、有抱负的领导者，他们在任用人才这个问题上始终坚持任人唯贤的原则，即使人才曾有过错，也多半会既往不咎，而换来的结果往往是皆大欢喜。

管仲是我国古代著名的治国贤才，他本是齐桓公的对手公子纠的师傅。但齐桓公不计前嫌仍然重用他，最终臣君合力将齐国治理得逐渐强盛起来。

清末名臣曾国藩同样颇具容人之量，很会用人所长。其幕府之中，人才济济，文武兼备。当时，李鸿章是一个好吃懒做之徒，很多人都对他深恶痛绝，但唯有曾国藩独具慧眼，看到了他身上的不凡之处。李鸿章眼光敏锐，见地深刻，看问题常能一针见血。曾国藩启用他时，一方面严厉斥责，挫其傲气；一方面则对他法外开恩，还主动找他讨论战术。曾国藩的一番苦心没有白费，终于培养出了近代史上的一个大人物。

另外，左宗棠是"大清王朝"的"中兴三杰"之一。不过，虽然他很有才华，但为人却非常傲慢，曾经因此得罪了不少权贵。曾国藩爱才心切，执意栽培他，总是给他最大的发展空间，使他有机会从浙江、福建一直打到新疆、甘肃，最终建立了盖世之功。

总之，任用人才时，要识大体，看大处，不能苛求小过，打击人的积极性，而"赦小过"是管理人才时最基本的激励方式，是对一个人社会价值的最根本的肯定。

▬ 原典

群下外异者沦。

张氏注曰

人人异心，求不沦亡，不可得也。

王氏点评

君以名禄进其人，臣以忠正报其主。有才不加其官，能守诚者，不赐其禄；恩德爱于外权，怨结于内；群下心离，必然败乱。

译文

部下人心涣散，同床异梦，必定沦亡。

■ 黄石公智慧

但凡想要成就一番事业，根基总离不开众人的同心同德，协力并进。在做一件事情之前，内部如果先出了问题，甚至内讧四起，互不信任，这无异于自毁前路。

与曹操与刘备相比，孙权算是一位低调的君主，然而他却并非平庸之辈。细心观察就不难发现，孙权其实是一位管理的高手，尤其是在处理甘宁与凌统的内部矛盾的态度和方法上，这种管理素质表现得非常透彻。

起初，孙权继承了父兄的基业之后，为了独占长江沿岸的地理优势，便率兵到江夏去抢黄祖的地盘儿。结果事与愿违，部将凌操也在这次战役中被黄祖手下的甘宁射死了。

后来，当孙权听说甘宁因与黄祖发生矛盾，欲投奔自己又恐江东记旧日之恨正在犹豫不决时，便立即主动将甘宁招致帐下对他说："兴霸来此，大获我心，岂有记恨之理？"甘宁就此归于孙权麾下，并受到了重用，随后便在破黄祖的战役中立了大功。

事隔多年，凌操的儿子凌统也在孙权营中效力，常常想向甘宁报杀父之仇。在一次宴会上，他拔剑直砍甘宁，二人刀枪相对，孙权急忙劝住，并耐心地对凌统讲："今天都是一家人，哪有再记旧仇的道理？万事还要看我的面子。"虽然一时化解了矛盾，但孙权深知这件事并不简单，于是随即便进行了一次人事调动：一面安排甘宁领兵去夏口镇守，以避凌统；一面加封凌统为都尉，以慰其心。经过这样的统筹安排，东吴内部才算暂时安定了下来。

然而，当孙权决定要合兵围攻曹操的皖城时，甘宁与凌统又在阵前发生冲突。孙权闻讯，顾不得危险，急忙骑马前去劝解，二人矛盾才得以暂时缓和。

而后在一次出战中，凌统因马伤趴落地下，在即将被曹将刺杀的关键时刻，吴军阵中发出一箭射伤曹将，凌统性命因此保了下来。凌统回阵拜谢孙权。孙权说："放箭救你的人，正是甘宁啊。"凌统闻知此讯，遂与甘宁化解前嫌，并结为生死之交。

试想一下，如果没有孙权此前一次又一次化解二人的矛盾，那么也就没有最后这一次甘宁救凌统的事情发生了，二人和解也就是不可能的了。

宋朝赵普曾在给宋太宗的奏折上写了这样一句话——"中国既安，群夷自服。是故夫欲攘外者，必先安内。"无论对于一个国家，还是一个企业或者一个家庭来说，这个道理都同样适用，即内部因素才是解决问题的关键，只有解决好它，才能将问题彻底解决。

倘若家庭中的成员都能够相敬如宾、互相体谅，这个家庭必定是和谐的；企业中如果没有过多的"内耗"，这个企业也必定会壮大。从这方面理解，"攘外必先安内"是亘古不变的道理。

■ 原典

既用不任者疏。

张氏注曰
用贤不任，则失士心。此管仲所谓："害霸也。"

王氏点评
用人辅国行政，必与赏罚、威权；有职无权，不能立功、行政。用而不任，难以掌法、施行；事不能行，言不能进，自然上下相疏。

译文
名义上任用贤才，却不予重用，必然会导致上下关系疏离。

■ 黄石公智慧
身为掌权者，在用人的问题上应该明白，对于那些良才贤士，要么不用，要用就要尽其所能，充分让他们施展才华。在决策的过程中，即使他们的意见或建议和自己相冲突，也不能在不加考虑的情况下断然否定。给人才创造一个宽松的环境，让他们随时都能参与到决策管理中来，这才是用人的王道。

但是，许多管理者却并不明白这个道理，对于下属提出的意见总是步步设防，认为接受意见就是承认自己无知，暴露自己的不足。还有些更为武断的管理者会干脆"拒忠告于门外"，或者在做出任何答复时都摆出一副傲慢的神态，似乎自己无所不知。

实际上，在工作中，领导和下属之间常常会发生意见相左的情况，如果领导能够正确面对下属的反对意见，从谏如流，坦率针对意见与下属进行沟通，那么，不管最后的结果谁对谁错，领导获得的利益无疑都是最大的。

当意见产生分歧的时候需要沟通，而在沟通过程中，作为领导，必须为自己的行为负责。因为如果你不能接受下属的反对意见，就会得到一个不善于从谏如流的评价，但如果你无条件地接受意见，则会让下属觉得你没有主见，这样不但会失去威信，而且很可能再也无法得到下属的尊重。因此，如何面对下属的反对意见，需要三思后行。

正确面对下属的意见，领导的心态调整最重要，首先要明确一点，下属绝对不是针对你个人提出意见的，他肯定是抱着对工作、企业负责的精神，尽管也许由于客观原因，他的意见不一定正确，但是他的勇气非常值得赞许。作为领导，你只要想到这些，心态自然就会调整好了。

总之，作为领导，应该对下属的意见进行积极考虑，多从下属的角度考虑问题，虽然最终的决定权在于你，但你一定不能因为面子的问题缺乏认错的勇气，这样必定会使企业遭到利益的损失。不要害怕承认自己的错误，尤其是在下属面前，更不能指责下属没有维护和支持你的主张。因为这样做的结果不但不会挽回你的面子，还会更进一步暴露了你的面子心态。因为错误本身已经是最好的证明了，已经使你的威望下降了，这时如果你能主动承认自己的错误，而且对提出意见的下属给予表扬或奖励，或许你的威信还可以重新建立起来。

原典

行赏吝色者沮，多许少与者怨，既迎而拒者乖。

张氏注曰

色有靳吝，有功者沮，项羽之刓印是也。失其本望，刘璋迎刘备而反拒之者是也。

王氏点评

嘉言美色，抚感其劳；高名重爵，劝赏其功。赏人其间，口无知感之言，面有怪恨之怒。然加以厚爵，终无喜乐之心，必起怨离之志。心不诚实，人无敬信之意；言语虚诈，必招怪恨之怨。欢喜其间，多许人之财物，后悔悭吝；却行少与，返招怪恨；再后言语，人不听信。

译文

行赏的时候吝啬钱财，必会招致下属的不满；许诺的多，兑现的少，必会让人怨恨；表面上欢迎，私底下拒之千里，这样的人乖张不可信。

黄石公智慧

很多领导者为了激励下属的士气，往往在事前慷慨许诺，可一旦到了论功行赏的时候，却出尔反尔，对原先的许诺概不兑现。长此以往，必定会消弥手下人的士气。楚霸王项羽的失败便与之有着密切的关系。他手下的将领屡建战功，可是他却把刻好的印拿在手里转来转去，磨得棱角都没了，也舍不得给人。最终导致许多人才都转投到刘邦麾下，而他的结局大家也都知道了。

老子曾说："轻诺必寡信，多易必多难。"随便作出承诺的领导者，必然很难守信用。因此，作为领导者，对任何一件事许诺的时候，都需要慎重掂量。没有足够把握，不可作出许诺，一旦许诺则必须遵守，否则就会让你在下属心目中的形象大打折扣。

《左传》记载，战国晋文公时，晋军围攻"原"这个地方，在围攻之前，晋文公让军队准备三天的粮食，并宣布："如果三天攻城不下，就退兵。"

结果，三天过去了，"原"地守军仍不投降，晋文公便命令撤退。这时，从城中逃出来的人说："城里的人再过一天就要投降了。"

晋文公旁边的人也劝说道："我们再坚持一天吧！"

晋文公说："信义，是国家的财富，是保护百姓的法宝。得到了'原'而失去了信，我们以后还能向百姓承诺什么呢？我可不愿做这种得不偿失的蠢事。"

晋军退兵后，"原"的守军和百姓纷纷议论说："文公是这样讲究信义的人，我们为什么不投降呢？"于是大开城门，向晋军投降。

晋文公凭着信义最终不战而胜。

晋文公占据了如此有利的条件，依然没有做出有悖于信义的事情，这种看似迂腐的行为，最终却让他得到了民心。由此可见，人无信不立，信守承诺的品质会在人生的诸多方面给我们带来实际的益处。

原典

薄施厚望者不报。

张氏注曰

天地不仁，以万物为刍狗；圣人不仁，以百姓为刍狗。覆之、载之，含之、育之，岂责其报也。

王氏点评

恩未结于人心,财利不散于众。虽有所赐,微少、轻薄,不能厚恩、深惠,人无报效之心。

译文

给予别人很少却希望得到厚报,必定会大失所望。

黄石公智慧

许多人常抱怨如今人情淡薄,好心不得好报,甚至做了好事反而成了冤家,其实是他们的心态出了问题,原因就在于做了点好事,就盼望着人家报答。其实,施而不报是常情,如果把付出看得重了,反而会让自己丧失人情。人情不是简单的投资行为,它更多地体现在为彼此担当上。因此,施恩不想着要让人报答,接受了别人的恩惠却要时时记在心上,这样人生才会少掉很多烦恼和羁绊。

生活中,每个人都是在一边付出一边收获,大多数人都认为自己付出的太多而获得的回报太少。其实仔细想一下,在施恩于人时,我们难道不是已经从这一善举中得到快乐了吗?这份快乐本身就是一种对我们的回报。所以,已经有了收获,又何必为别人是否回报这份恩情而计较呢?

我们应该对朋友用心善待,但最好不要苛求朋友给我们同样的回报。善待朋友是一件纯粹的快乐的事。如果苛求回报,快乐就会大打折扣。

不要小看生活中人与人之间丝毫的善意流露,这些细微的动作看上去也许是微不足道的,但却会给人真实的鼓励。对于一个执迷不悟的浪子,一次促膝交心的帮助可能会使他重新建立做人的尊严和自信;对一个正直的举动送去赞许的眼神,这一眼神或许就会让人在对善道的持守上更加坚定；对陌生人很随意的一次帮助，也可能会使那个陌生人感受到善良的可贵。相反，如果因为担心别人不回报，就漠视别人的困境，这样不仅可能会堕落成一个无情的人，而且还会沦落为一个可悲的人。因为他的心除了只能容下一个可怜的自己，对整个世界都漠不关心，而最终他只会一步步堵死自己所有可能的路。

原典

贵而忘贱者不久。

张氏注曰

道足于己者，贵贱不足以为荣辱；贵亦固有，贱亦固有。惟小人骤而处贵则忘其贱，此所以不久也。

王氏点评

身居富贵之地，恣逞骄傲狂心；忘其贫贱之时，专享目前之贵。心生骄奢，忘于艰难，岂能长久！

译文

富贵而忘本，这样的人是不会长久的。

黄石公智慧

富贵而忘本是一种典型的小人得志心态。贵贱荣辱虽然在乎人力，但也在乎时运，时运可以造就人，人却很难造就时运。所以得志的人并不都是有能之人，失意的也并不都是无能之辈。那种因为自己一时得志，遇人遇事便趾高气昂的人，他的富贵必定是不能长久的。

物质上的富足代替不了精神上的空虚。除了可以炫耀的财富之外，没有风度，没有学识，没有理想，没有修养，那可真是穷得只剩钱了。一个视金钱比生命还重要的人，与其说他拥有财富，还不如说他是财富的奴隶。原本，富裕的人应该在修养上起到带头作用，然而，一些发横财的人却没有这种自觉意识，竞相豪奢成为了市井常态。

其实，人无论多么富有，在享乐上总归要有节制，要照顾到身边人的感受，也要时常想起以前身处贫困之时的岁月，只有这样，人感恩的心态才会被激发出来，富足的生活才能常保。

原典

念旧恶而弃新功者凶。

张氏注曰

切齿于睚眦之怨，眷眷于一饭之恩者，匹夫之量。有志于天下者，虽仇必用，以其才也；虽怨必录，以其功也。汉高祖侯雍齿，录功也；唐太宗相魏郑公（征），用才也。

王氏点评

赏功行政，虽仇必用；罚罪施刑，虽亲不赦。如齐桓公用管仲，弃旧仇，而重其才；唐太宗相魏征，舍前恨，而用其能；旧有小过，新立大功。因恨不录者凶。

译文

对于别人的旧恶念念不忘而忽略其所立的新功，这种做法很危险。

黄石公智慧

人都有能洞察别人缺点的眼光，而且有一些人尤其喜欢抓住别人过去的错误不放，这种做法对那些想要将功补过的人来说无疑会是一种伤害。真正有智慧的人则不会计较别人的过去，他们更看重的是一个人的现在和将来，因此终有一天会在这个问题上有所受益。

在帝王专制时代，君臣之间无民主可言，不懂得广开言路的君王无异于自塞两耳蒙蔽双眼。而李世民则是历史上一位不可多得的明君，在他统治期间，之所以能够出现贞观之治，很大一部分原因是源于他兼听纳言的品性。

即位以后，李世民逐步建立起了以自己为核心的最高决策集团，在这个决策集团中汇集了当时最杰出的人才，众人以充满朝气和进取精神的政治面貌开始励精图治，为开创贞观之治的昌盛局面奠定了良好的基础。

李世民深知为政之要，唯在得人，用非其才，必难致治。他首先采取了求贤纳才、知人善任的用人政策，不拘一格地广泛吸纳人才，并将举贤荐能、广招人才视为刻不容缓之事。

可是，已经做好广纳贤才的李世民却在相当长的一段时间里并没有得到一个人才，于是他便责问当时的宰相封德彝，为何没有推荐任何一个人，封德彝回答说是天下没有贤才可以推荐。

李世民非常生气，批评封德彝说："用人就如同使用器物一样，只要各取所长，自然就不乏贤才奇士。你不善知人，怎能说世上没有贤能之才呢？"

同时，李世民不仅让大臣们推荐选拔人才，自己也处处留心访求有才之士，一旦发现，则不拘身份、阶级而提拔重用。在求贤的用人政策上，最能看出李世民大度的，就是在他对待魏征的态度。

玄武门之变后，李世民不计前嫌，大胆重用东宫李建成集团的重要谋臣魏征、王珪、韦挺等人，尤其对魏征十分看重。魏征原来是太子李建成的重要谋士，李世民委之以宰相重任。魏征自然也没有辜负李世民的重望，一直积极向李世民直言进谏，即使李世民大发雷霆，他也毫不退缩。而李世民也可谓一位明君，魏征的大多数意见都被他采纳了，这对贞观前期的政治产生了重要的影响。

魏征死后，太宗十分痛心，无限感慨地说："用铜作镜子，可以端正衣冠；用历史作镜子，可以知道国家兴衰的道理；用人作镜子，可以看到自己的过错。现在魏征去世了，使我失去了一面很好的镜子。"

但现实中，管理者往往会因为个人的恩怨或下属的旧过而排斥有才之人，不懂得借鉴其长处，长久下去，必然会给人留下排斥异己的印象，如此，人心也就很难稳定了。所以说，用人如果不能取其所长，非要纠结在一些无伤大体的细枝末节上，一定会给团队利益带来很大危害。

▬ 原典

用人不正者殆，强用人者不畜。

张氏注曰

曹操强用关羽，而终归刘备，此不畜也。能清廉立纪纲者，不在官之大小，处事必行公道。

王氏点评

官选贤能之士，竭力治国安民；重委奸邪，不能奉公行政。中正者，无官其邦；昏乱、谗佞者当权，其国危亡。贤能不遇其时，岂就虚名？虽领其职位，不谋其政。如曹操爱关公之能，官封寿亭侯，赏以重禄；终心不服，后归先主。

译文

用人不当必将产生危险，勉强用人一定留不住人。

黄石公智慧

俗话说，得人才者得天下。的确，古往今来，若要成事，离不开人才的辅佐。但是，人才固然重要，前提却是要找对人用对人。如果用错了人，或者知道用错了人而又不能及时改正，那样不仅无法成就大业，反而有可能产生很严重的后果。

然而，总是有一些领导者，任用人时既不看能力，也不看资历，只是以自己的喜好作为标准，结果常常把一些重要的职位交给无能之辈，从而不可避免地导致了拖垮整个团队的结果。历史上，因用人不当而铸成大错的例子不在少数。

前秦帝国的君王苻坚任用平民出身的王猛为相，统一了中国的北方，是颇有作为的一代帝王。淝水之战失败后，前秦帝国迅速瓦解，苻坚被后秦帝国的姚苌所杀，结束了轰轰烈烈的一生。

苻坚是个心地善良、胸襟开阔的人，他对人很少猜忌，即便是那些投降或被俘的帝王将相，他也能以礼相待。甚至如鲜卑亲王慕容垂，羌部落酋长姚苌，他也都引为知己，授予高官并赋予很大的权柄。

王猛生前曾劝谏苻坚说："大王与人为善没有错，但不能不分敌我。国家的死敌不是晋帝国，而是杂处在国内的鲜卑人和羌人。更让臣担心的是，他们的首领都在朝中身居要职，有的更是握有兵权，一旦有变，国家就危险了。"但苻坚并未把王猛之言放在心上。王猛死后，他对姚苌等人更是信任不二，宠爱日隆。

淝水之战后，苻坚逃到洛阳，那些尚未到达淝水的大军也闻风溃散。鲜卑籍大将慕容垂见有机可乘，便生起了反叛之心。他借口黄河北人心浮动，请求苻坚派他前去宣慰镇抚。苻坚对他毫无防范，痛快地答应了他的请求。慕容垂渡过黄河后，立即号召前燕帝国的鲜卑遗民复国，建立了后燕帝国。

随后，迁到关中的鲜卑人，又在慕容泓的领导下，建立了西燕帝国。苻坚命他的儿子和羌籍大将姚苌征讨西燕，结果大败，苻坚的儿子阵亡，姚苌畏罪逃到北方，后又叛变，建立了后秦帝国。

鲜卑人和羌人的反叛，使前秦帝国陷入了灭顶之灾。不久，首都长安被困，苻坚突围西行，在五将山被后秦兵生擒，送到后秦皇帝姚苌的手上。

苻坚至此仍怀有生的希望。姚苌二十年前犯罪当诛，在绑赴刑场处斩时，时为亲王的苻坚见他英武不凡，遂动了恻隐之心，将其救下。有此大恩，苻坚深信姚苌自会感恩图报放他一马。

万没想到，姚苌先是向他索取传国御玺，继而百般污辱。苻坚万念俱灰，大骂姚苌忘恩负义，姚苌不待他多言，就把他绞死了。

苻坚的软肋在于他心地过于善良，在当时十分复杂的政治情况下，仍轻易相信降臣并委以重任。宽宏的品质对于个人利大于弊，但作为一个治国者，尤其是面对大批降臣的统治者，反而很容易成为致命的弱点。

无论是用人还是交友，都要眼明心亮。一个人可以心地坦诚，但要对那些没有深交的人做到不动声色。与对方过分亲密，就会被私情迷惑，进而有可能扭曲了事实。

因此，认识评定一个人，不能只看表面，因为人的许多外在情感都是可以伪装出来的，尤其是处于复杂的环境中，人心更是难测。所以，无论是作为普通人，还是为政者，都必须深入观察，真正看透一个人的内心，谨防误识、误交、误用。暂时难以认清的，不妨冷淡处之。不能急于一时,日久方见人心。对一个人过早投诚,很可能会给自己造成巨大的损失。

原典

为人择官者乱,失其所强者弱。

张氏注曰

有以德强者,有以人强者,有以势强者,有以兵强者。尧舜有德而强,桀纣无德而弱;汤武得人而强,幽厉失人而弱。周得诸侯之势而强,失诸侯之势而弱;唐得府兵而强,失府兵而弱。其于人也,善为强,恶为弱;其于身也,性为强,情为弱。

王氏点评

轻欺贤人,必无重用之心;傲慢忠良,人岂尽其才智?汉王得张良陈平者强,霸王失良平者弱。

译文

用人无法摆脱人情纠结,政事必越理越乱;失去自己的优势,力量必然削弱。

黄石公智慧

国家若要强盛,必须要有众多贤臣良才辅佐;家族若要强盛,必须多出贤良孝义的子弟。不论是个人还是团队,想要强盛,就一定要有所凭恃。失去了这个凭恃,国家就会遭殃;失去这个凭恃,个人就会变得孤立无援。

做人不仅要"明","强"也是不可或缺的。什么是"明"？就是要明于事，明于理，明于人，明于己。什么是"强"？就是要求人要有魄力，但魄力不是一味地逞强。"明""强"的结合，是一个人，一个集体能够突出的核心力量。所以，做人做事第一件要紧事就是培养自己处变不惊、不急不躁的气度。

"明强"的训练是有章法的。一个人的明智往往只能表现在特定的领域之内，一个人的强势也是如此。循序渐进是万事成功的基本法则，人不能脱离自己的实际处境去谋求发展。所以，在自己熟悉的领域深耕细作，智慧才能渐渐明朗，自信心才能越来越强，气魄自然也就出来了。

清朝名臣曾国藩一生刚强，他曾说："吾家祖父教人，也以'懦弱无刚'四字为大耻。"又说："至于'倔强'二字，却不可少。功业文章，皆须有此二字贯注其中，否则柔靡不能成一事。孟子所谓'至刚'，孔子所谓'贞固'，皆从'倔强'二字做出。吾兄弟皆受母德居多，其好处亦正在倔强。"他上承家训，进而总结了自己的经历，深刻地阐明："凡事非气不举，非刚不济。"这种倔强的性格，虽使得天资愚钝的曾国藩屡次蹶跌，却也是支撑他建立盖世功勋的巨大力量。

刚强也是一种克己之学。克己，必须从两个方面同时下手，即"刚柔互用"，不可偏废。正如曾国藩所说："太柔则靡，太刚则折。刚并非就是暴虐，强矫而已；柔并非卑弱，谦退而已。"

为使刚柔并济，曾国藩强调刚柔均须建立在"明"的基础之上。为此他说："担当大事，全在'明强'二字。"他致书诸弟说："'强'字原是美德，我以前寄信也说'明强'二字断不可少。第'强'字须从'明'字做出，然后始终不可屈挠。若全不明白，一味横蛮，待他人折之以至理，用后果证明它，又重新俯首服输，则前强而后弱，这就是京师说的瞎闹。我也并非不要强之人，特以耳目太短，见事不能明透，故不肯轻于一发耳。"又说："修身齐家，亦须以'明强'为本。"

做人如果不明而强，于己则会偏执任性，迷途难返，于人则会滥用权威，逞势恃力，终归都是害人害己。欲强，必须明；欲柔，同样必须明。否则，虽欲强而不能强到恰当处，虽欲柔而不能柔到恰当处。一味刚强，必然会碰得头破血流；一味柔弱，遇事虑而不决，决而不行，待人则有理不争，或者不据理力争，那样也是无法干出一番事业的。

如果说人的强有一个根本的话，那这个根本就是在一生中不断调和其内在的性格缺陷，脱离了这个根本，强的也会变弱，弱的会变更弱。知道自己的短处，并且努力克服这个短处的，愚昧的就会变得聪明，弱势的就会变得强势。

原典

决策于不仁者险，阴计外泄者败。

张氏注曰
不仁之人，幸灾乐祸。

王氏点评
不仁之人，智无远见；高明若与共谋，必有危亡之险。如唐明皇不用张九龄为相，命杨国忠、李林甫当国。有贤良好人，不肯举荐，恐搀了他权位；用奸谗歹人为心腹耳目，内外成党，闭塞上下，以致禄山作乱，明皇失国，奔于西蜀，国忠死于马嵬坡下。此是决策不仁者，必有凶险之祸。机若不密，其祸先发；谋事不成，后生凶患。机密之事,不可教一切人知;恐走透消息,反受灾殃,必有败亡之患。

译文

从刻薄不仁的人那里听取建议是危险之举;秘密泄露出去事情就注定要失败。

黄石公智慧

秘而不宣的事情才能称之为秘密,它应该存在于一个人或几个相互信任的小群体之内。因此,无论是自己的秘密,还是别人的秘密,我们都应该做到守口如瓶,否则不但会失信于人,而且很可能会招致恶果。

全纪这个人在《三国演义》中一点名气也没有,从出场到被杀也只提到了两三次。此人虽没有任何重大的贡献,然而在他身上我们却能学到一点人生教训——有些秘密是不能轻易泄露的。

吴主孙亮因为大权被大将军孙綝把持而郁郁寡欢。有一天,孙亮看到身为国舅的全纪在旁,便向他诉说心中的怨气。全纪随即表露忠心,表示愿意帮助孙亮斩杀孙綝。随后,孙亮为此制定了详细的计划,并嘱咐全纪不可将此事告诉任何人,尤其是不可他的母亲,因为全母是孙綝的姐姐。

然而,全纪却是一个缺心眼儿的家伙,他虽然没把这件事告诉自己的母亲,却告诉了自己的父亲。他的父亲也很没头脑,明知道自己的妻子是孙綝的姐姐,还是将这件事告诉了她。全纪的母亲自然不会眼睁睁看着自己的弟弟被杀,所以及时将这一信息告诉了孙綝。最终,这个计划破产而全纪被杀。

当然,在《三国演义》中因泄密而东窗事发的事例不在少数,但其中也有许多善于做保密工作的方法值得我们借鉴。例如,诸葛亮、曹操等都擅用"锦囊妙计",事先给予"锦囊",遇事才能拆开,这样既做到了事前的保密,也保证了在事发时能够顺利度过难关。

由此可见,一个人的生死存亡有时候与能否保守秘密有很大的关系。其实不仅个人如此,企业也同样如此。对于一个企业来说,一条信息就意味着一个商机,甚至决定着企业的兴衰成败。因此,作为企业领导者,一定要站在企业生死存亡的高度,提高警惕,切实做好内部的保密工作。

原典

厚敛薄施者凋。

张氏注曰
凋,削也。文中子曰:"多敛之国,其财必削。"

王氏点评
秋租、夏税,自有定例;废用浩大,常是不足。多敛民财,重征赋税,必损于民。民为国之根本,本若坚固,其国安宁;百姓失其种养,必有凋残之祸。

译文
横征暴敛却薄施寡恩,一定会衰落。

黄石公智慧

爱财是人的天性,但凡事要有限度,如果把钱财看得过于重要,就不是好事了。尤其是身在高位的人,如果太看重钱财而不注意到团队的利益，就很可能会导致整个团队人心涣散。所以说，任何好的事物都有两面性，有了钱财固然可以荣华富贵，但如果不懂得分利于人，钱财也可能让人祸害缠身。因此，在面对这个问题时，保持清醒的头脑还是十分有必要的。

五代时，后唐的皇帝李存勖以救国救民号召百姓，招募将士，先后灭掉了后梁等国，势力达到了顶峰。天下略为安定后，李存勖却开始贪图享乐，他对大臣们说："我军征战多年，今日有成，应该休息罢兵，享受太平生活。"

从此李存勖开始不理朝政，整日忙着看戏玩乐，一些忠直的大臣也被他渐渐疏远了。

李存勖的皇后刘玉娘是个特别爱财的女人，她任用自己的亲信做捞钱的肥差，四处暴敛，到处横征，百姓怨声载道。她甚至还把国库窃为己有，积攒了堆积如山的财宝。

有大臣劝谏李存勖说："当天下人的君主，应该关心天下人的生死，这样人们才能爱戴他，国家也会安定。现在皇后只顾自己捞钱，全然不管百姓如何生活，这样下去是要出大事的。"

李存勖此时已经失去了往日的爱民之心，他为皇后辩护说："筹钱粮，是为了救民于水火，百姓一定会感激皇后的仁德而誓死保卫国家的。"

适逢灾年，百姓受难，但刘玉娘却把国库的东西视为自己的财产，拒不交出赈灾，甚至还无理地对宰相说："你是宰相，救济百姓是你的事，与我有什么关系？"到最后，她只拿出两个银盆，让宰相卖了去赈灾。宰相长叹一声，掉头就走，也不再管事，从此朝廷陷于瘫痪状态。

没过多久，大将李嗣源便率兵反叛。李存勖领兵平乱，愤怒的士兵纷纷投向叛军，不愿再为李存勖卖命。李存勖见事不好，急忙用重赏安稳军心，他对士兵们说："我带领你们打天下，绝不是为了我自己，是为了你们啊！这次如果平定了叛乱，你们每个人都有重赏，我说到做到，绝不食言！"

但士兵们已经不再相信他，而是集合发动了兵变，乱箭射死了李存勖。刘玉娘逃进了尼姑庵，但还是被士兵搜出，最后被绞死了。

一心为一己之私只顾敛财的人是做不成大事的，他们可以利用人于一时，但长久下去，人心必将向背。不过，话又说回来，一味为了团队付出，全然不计较自己的得失，却也不是切实的处世之道。

正所谓，无欲则刚强，无私才博大。有的人把个人的利益、名声、地位、权势看得高于一切，地位略有动摇，利益稍有损失，权势稍有削弱，就看成是大祸临头，结果只能生活得非常痛苦。只有解脱名利的羁绊和生死的束缚，完全从自我占有、自我为中心的心态中超脱出来，心灵世界才能像浩瀚的天空，任鸟儿自由飞翔。

原典

战士贫、游士富者衰。

张氏注曰

游士鼓其颊舌，惟幸烟尘之会；战士奋其死力，专捍强场之虞。富彼贫此，兵势衰矣！

王氏点评

游说之士，以喉舌而进其身，官高禄重，必富于家；征战之人，舍性命而立其功，名微俸薄，禄难赡其亲。若不存恤战士，重赏三军，军势必衰,后无死战勇敢之士。

译文

奋勇征战的将士生活贫穷,鼓舌摇唇的游士却安享富贵,国势则必定会衰落。

■ 黄石公智慧

此处谈的同样是用人之道,即要重实避虚。如果站在最前线的人得到的奖赏微薄,而站在后方只会动嘴皮子的人却受赏颇丰,那么前方的人必定会丧失踊跃的进取心。这是管理团队很忌讳的一点,所以,作为领导者,一定要给予堪当大任的下属足够的物质奖励和荣誉,因为这些不但能给人带来实际的利益,还能使人的精神饱满,充满斗志,从而创造出非凡的业绩。

管仲在担任齐国宰相初期,政治上始终没有一点成绩,齐桓公询问其原因,管仲回答说:"我地位虽高,但我依然贫穷。穷人是无法指挥有钱人的。"

齐桓公说:"给你可以迎娶三个妻子的家用吧!"

过了一段时间,国政还是没有治理好,齐桓公又向管仲询问原因。

管仲回答说:"我虽然有了钱,但我的身份却很卑微,这让我无法管制身份高贵的人。"

齐桓公立即任命他为上卿,让他步入了贵族的行列。

其后,齐桓公又尊管仲为"仲父"。

由于齐桓公满足了管仲的多个要求,给予管仲无比优厚的物质待遇和高贵的地位,使管仲变得有职又有权,随后,齐国政治也随着管仲社会地位的提升很快上了正轨。后来齐桓公成为春秋五霸之一,在很大程度上正是得益于管仲的辅佐。

在企业中，员工大都将工资与收益视为价值的最终体现，工资的多寡直接影响到员工在工作中的心情和努力程度。虽然有人认为金钱激励有一定的负面影响，但是无论对谁，更高的收入总是很有诱惑力的。

要让员工更加努力，就要奖励员工的出色工作，这样才能留住员工的心。可是很多管理者却总把支出的工资维持在最低水平。他们认为员工工资是成本的一部分，并且只想到如何最大限度地减少成本，以保证利润最大化，至于报酬与效果之间的关系，他们却视而不见，这是管理中的短视，也势必会给管理带来负面的影响。

因此，在管理工作之中，必须让员工感受到自己的价值得到认可，而这种认可最直接的体现就是给予员工应得的报酬。有时候，在薪酬方面，员工会按照市场情况与一些合适的对象进行比较，明智的领导在这时候应该仔细思考，如果员工的能力已经达到了所要求薪酬的水平，则一定要给予关注和肯定。

但是，有时即使管理者付出的工资很高，还是有人会不满意。一旦员工开始为工资而抱怨，或者一些能力好的员工有了另谋高就的想法时，管理者量一定要重视。解决问题的办法，最好是将个人业绩与报酬挂钩。

企业要想拥有超强的竞争力，在很大程度上取决于领导能不能做到赏罚分明，并根据员工实际贡献的大小给予合理的报酬。能够做到如此，整个团队便能上下同心，共创佳绩了。

原典

货赂公行者昧。

张氏注曰

私昧公，曲昧直也。

王氏点评

恩惠无施，仗威权侵吞民利；善政不行，倚势力私事公为。欺诈百姓，变是为非；强取民财，返恶为善。若用贪饕掌国事，必然昏昧法度，废乱纪纲。

译文

官场行贿受贿成风，是政治黑暗、国家衰败的表现。

黄石公智慧

在任何组织里，腐败都如同人身体内长的毒瘤一样，会导致身体各项机能的衰退。对待腐败如果视若无睹，必定会给自己和组织带来很大伤害。对此，领导者必须予严肃对待，做到除恶必尽。

在中国古代历史上，对腐败行为打击最严、手段最狠的当数平民出身的明朝开国皇帝朱元璋。

朱元璋自幼生长于贫苦之家，对元代官吏对待百姓的贪酷了如指掌，他也深知元末吏治的腐败是农民大起义爆发的主要原因之一。因此，建立大明朝之后，他决心不再重蹈元代的覆辙，而是对肃清腐败政风十分看重，并为此设立了严法酷刑，以此来警戒天下官吏奉公守法。

对于贪赃舞弊的行为，朱元璋绝不轻饶。在他看来，吏治之弊莫甚于贪虐，而庸鄙者次之，所以他曾这样说过："朕于廉能之官或有罪，常加宥免，若贪虐之徒，虽小罪亦不赦也。"

官吏犯赃的，如罪行较轻，朱元璋会将其处以谪戍、屯田、工役之刑。如徐州丰县县丞姜孔在任时，借口替犯人缴纳赃款，挨家挨户敛钞，结果全都塞进了自己的腰包。朱元璋查知此事后，立即将姜孔发配去修长城。

洪武九年，"官吏有罪者，笞以上悉谪之凤阳，至万数"，其中绝大多数是犯赃官吏。而对罪行严重的，则处以挑筋、挑膝盖、剁指、断手、刖足、抽肠、劓、阉割、凌迟、全家抄没发配远方为奴、诛连九族等酷刑。户部尚书赵勉夫妻贪污，事发后夫妻二人同时被杀。工部侍郎韩铎上任不到半年，伙同本部官员先后卖放工匠二千五百五十名，得钱一万三千三百五十贯，克扣工匠伙食三千贯，盗卖芦柴二万八千捆，得钱一万四千贯，盗卖木炭八十万斤，私分人己。事发后被诛杀。

在洪武年间，除了一些较小的惩贪案外，还有几次大规模的对贪官污吏的集中清洗，其中以空印案和郭桓案最为著名，声势也最为浩大，两案连坐被杀人数也最为惊人，累积共达七八万人。

明初整肃吏治的斗争前后延续了二三十年之久，打击面极广，在当时的政治环境下，即便是皇亲国戚贪赃枉法，也是在劫难逃。明初整肃吏治的斗争手段严苛，打击面大，处死极多，因此不免产生一些冤假错案。可尽管如此，整肃吏治还是收到了前所未有的效果。后世清官海瑞由此而赞洪武朝："数十年民得安生乐业，千载一时之盛也。"

贪腐可以败坏人心，不论是国家，还是个人，只要出现了贪腐的习气，就会越陷越深，这个时候不怕惩治手段严苛，真正怕的是除恶不尽。一个团队的整体面貌是不是能够焕然一新，关键要看领导者有没有一种硬朗的气魄和手段。

原典

闻善忽略，记过不忘者暴。所任不可信，所信不可任者浊。

张氏注曰

暴则生怨。浊，溷也。

王氏点评

闻有贤善好人，略时间欢喜；若见忠正才能，暂时敬爱；其有受贤之虚名，而无用人之诚实。施谋善策，不肯依随；忠直良言，不肯听从。然有才能，如无一般；不用善人，必不能为善。齐之以德，广施恩惠；能安其人，行之以政。心量宽大，必容于众；少有过失，常记于心。逞一时之怒性，重责于人，必生怨恨之心。疑而见用怀其惧，而失其善；用而不信竭其力，而尽其诚。既疑休用，既用休疑；疑而重用，必怀忧惧，事不能行。用而不疑，秉公从政，立事成功。

译文

知道别人的优点长处却不重视，对别人的缺点错误反而耿耿于怀的，是作风粗暴；使用的人不堪信任，信任的人又不能胜任其职，这样的政治一定很混浊。

黄石公智慧

管人用人是一门大学问。德才兼备的能人毕竟是少数，所以作为领导者，不但要有发现下属缺点的精准眼光，更重要的还要拥有发现他们长处的智慧，如果能够做到物归其类是最好不过的了。如果要求人人都要在品德和才学上出类拔萃，或许就无人可用了。另外，发现人才，治理人才，其中很关键的一点就是恩威并施。

或许有人会问：如果手下皆为能人，领导者为什么还要恩威并施呢？这是因为，团队效率的高低不仅仅在于团队的整体质量如何，很大程度上还在于团队的领头人是否拥有容众及协调众人的能力。

管理者宽宏的品质能使下属倍感亲切，也会让下属在心理上产生归属感，从而激出他们在待人处事上的责任感。这种来自上位者的宽容会化作一种力量，催人奋进，激励人自省、自律、自强。因此，管理者适当的宽容可有效地激励下属。

有一天，一位德高望重的长老在寺院的高墙边发现一把椅子，他知道，一定是贪玩的小和尚借此越墙到寺外去玩了。于是长老搬走了椅子，站在墙边等候。午夜，外出的小和尚回来了，他爬上墙，跳到"椅子"上，可是突然发觉"椅子"踩上去的感觉有点怪，不像先前那么硬，而是很软，而且还有弹性。落地之后小和尚一看，才发现椅子已经被挪走了，刚才他踩的是长老的背脊。小和尚仓皇不已，连连认错，但长老并没有说什么，而是让他回禅房休息了。

接下来的一段日子里，小和尚一直都心怀不安地等候着长老的发落。但长老并没有表现出任何要惩罚他的迹象，甚至压根儿没提及那件没有第三个人知道的事。小和尚从长老的沉默和宽容中获得启示，他收住了心，再没有偷偷外出去玩耍，而是开始潜心修习佛法。通过刻苦的修炼，他最终成了寺院里的佼佼者，并若干年后成为寺院的住持。

由此可见，宽容可以唤起某些一时走了歧路的人的内心一直压抑着的求善之心，从而改变了他们的人生航向。

其实，所谓管理，说到底就是理顺人与人的关系，使平级之间、上下级之间能够和睦共处。而缺乏气量的管理者，则不仅难以容忍别人的错误,也容不得别人的不同意见。他们常搞一言堂,反对下属积极参与管理,结果只能让下属丧失责任感和积极踊跃的心态。而出色的管理者不但会让下属心悦诚服,还会积极调动他们的踊跃性。

■ 原典

牧人以德者集,绳人以刑者散。

张氏注曰

刑者,原于道德之意而恕在其中;是以先王以刑辅德,而非专用刑者也。

王氏点评

教以德义,能安于众;齐以刑罚,必散其民。若将礼、义、廉、耻,化以孝、悌、忠、信,使民自然归集。官无公正之心,吏行贪饕;侥幸户役,频繁聚敛百姓;不行仁道,专以严刑,必然逃散。

译文

依靠德行来教化众人的,人心也会归向他;用武力和刑罚来约束限制众人的,则将致使人心离散。

■ 黄石公智慧

不同的领导有不同的领导风格,有的以宽治人,有的以严苛的准则限制他人。不过,作为领导,能否使自己的形象深入人心,只用简单的宽严标准来衡量是远远不够的,最重要的一点在于德行是否深厚。

当然,推崇德化不是忽略刑罚,刑罚始终是治理罪恶的强制性手段，但同时它必须建立在道德基础之上。圣明的君王不得已而用刑罚，目的是为了辅助道德礼制的建设，而并不单纯是为了惩治他人。孔子说：居上位者自身有真正的道德，然后严格要求下属，下属犯了错误，自己就觉得很羞耻，会自觉约束自己；如居上位者自己不讲德行，全凭严刑峻法管理人，人们就会专找法律的漏洞，回避了惩罚反而认为很高明，内心毫无愧意。因此，以德恕为归宿的法治才能使全国上下日益团结。如果其身不正，却喜欢用法治约束他人，那只能导致上下离心，全民离德。

了解《三国演义》的人都知道，身为五虎大将之一的张飞不是死在战场之上，也不是终老天年，而是被自己的部下偷袭致死。或许很多人都会为他喊冤，但是只要我们细细分析一下就会发现，张飞的死出乎众人意料，却也在情理之中。

首先要从刘备三顾茅庐请孔明出山开始说起。在刘备一顾茅庐寻访不着孔明时，张飞说道："量一村夫，何必哥哥自去，使人唤来便了。"当两番寻不着孔明，刘备准备亲自前往再寻孔明时，张飞又说道："量此村夫，何足为大贤？今番不须哥哥去；他若不来，我只用一条麻绳缚将来。"从这两次可以看出，张飞比较鲁莽，不懂得尊重他人。

另外，对吕布张飞也非常不尊重。吕布虽然人品有点问题，但是既然他投靠了刘备，张飞就应该给他点面子。但在刘备让他守徐州的时候，他却故意刁难吕布手下素不饮酒的曹豹，并蛮横地责打了曹豹，借此来发泄对吕布的不满，这件事直接导致了曹豹与吕布里应外合夺取了徐州的后果。

最终，在得知兄长关羽被杀的消息之后，张飞不顾实际情况，强行让手下三日内采办齐三军的白旗白甲。手下说材料不够请求宽限几日，便挨了他五十大板，并扬言三日内采办不齐，便会将他们斩首。因采办无法完成，手下也只好先对他下手了，而且下手时一点也没有手软。

现实中,由于个体差异,每个人在社会中的地位都不所不同。但这些差异却会使一些人内心的天平失去平衡——在自认为毫无利用价值、地位低下的人面前,他们总是觉得高人一头,对这些人总是不屑一顾。

俗话说得好:"人活一张脸,树活一张皮。"有的人地位虽低,但并不表示他们没有尊严。德是什么,德者,得也,得的是人心。所以,在带领众人的问题上,只用准则去衡量别人是肯定行不通的。得人心不是一味地迎合众人的趣味,而是要能够照顾到人心最本质的需求,那就是尊重。一个人如果表现出了对别人足够的尊重,即便是责罚,对方也会心甘情愿地领受。否则,即便嘴上说得再好听,也是没有人愿意信服的。

■ 原典

小功不赏,则大功不立;小怨不赦,则大怨必生。

张氏注曰
人心不服则叛也。

王氏点评
功量大小,赏分轻重;事明理顺,人无不伏。盖功德乃人臣之善恶;赏罚,是国家之纪纲。若小功不赐赏,无人肯立大功。志高量广,以礼宽恕于人;德尊仁厚,仗义施恩于众人。有小怨不能忍,舍专欲报恨,返招其祸。如张飞心急性燥,人有小过,必以重罚,后被帐下所刺，便是小怨不舍，则大怨必生之患。

译文

小的功劳不奖赏，大功劳便无法建立；小的怨恨不宽赦，大的怨恨便会产生。

黄石公智慧

关于奖赏和惩罚的问题，之前已经提过多次，黄石公一再强调这一点，足见这个问题的重要性。

有一些领导对属下的一些微薄功劳总是置之不理，认为奖赏会助长他们的骄气，这样就不能长久为己所用了。殊不知，一个赏罚不分明的领导是无法获得下属们的尊敬和信任的，同理，一个赏罚不分明的单位或组织，也是无法留住人才的。试想一下，如果一个员工做出了成绩却没有得到应有的奖赏，那么他还能有热情去做出更好的成绩吗？再比如，如果他所做的一切得到的都是可有可无的赞许，而没有实际的利益，那么他又如何能够长久保持这份热情而不消退呢？相反，一个赏罚分明的领导和一个赏罚分明的单位或组织，虽然不一定能够留住拔尖的人才，却能够留下大部分人。

说完赏的层面，再来看看罚的层面。惩戒对于错误来说是必要的，不同的只是程度有大有小。

每个人的成长环境、年龄、文化程度、信仰、气质及性格类型都各不相同，这就导致每个人的想法及做事方法都会有一定差异。所以，作为管理者不能对工作不积极的员工一罚了事，而要不断地观察和沟通，了解自己的员工，对症下药，只有知道员工心里所想的，才能知道用什么样的方式来激励他们。

人所有动力的根源都可以归结为一点，趋乐避苦。员工不努力工作,有时候并不是因为他们不知道为何而努力工作,很大一部分原因可能是他们认为领导没能做到赏罚分明。如果公司的奖赏制度是透明的,有功的人能够得到相应的回报,那团队的积极性就会很自然地被调动起来。

当然,这并不是说,在管人时只能正面激励而不能反面惩戒。根据强化原理,对需要改进工作的下属,进行适当鞭策还是非常有必要的,但一定要尽力避免因重罚而带来负面影响。

原典

赏不服人,罚不甘心者叛。赏及无功,罚及无罪者酷。

张氏注曰

非所宜加者,酷也。

王氏点评

赏轻生恨,罚重不共。有功之人,升官不高,赏则轻微,人必生怨。罪轻之人,加以重刑,人必不服。赏罚不明,国之大病;人离必叛,后必灭亡。施恩以劝善人,设刑以禁恶党。私赏无功,多人不忿;刑罚无罪,众士离心。此乃不共之怨也。

译文

行功论赏不能服人,惩罚有过失的人不能使他甘心,这种行为必将导致背叛;奖赏那些无功之人,惩罚那些无罪之人,这都是昏庸的酷吏的做法。

■ 黄石公智慧

奖赏和惩罚是管人用人必用的手段，其中最基本的要求就是做到公正、分明。国家兴衰、朝代更迭大半都与用人是否得当有关，而用人不当大半都与赏罚不明有关。

魏惠王问大臣卜皮："你担任地方官的时间很久了，和百姓接触的机会最多，应该听过百姓对寡人的评价吧？"

"百姓都说大王很仁慈。"卜皮回答道。

"是吗？果真如此，国家一定能治理好。"魏惠王听后大喜道。

"不，正好相反，国家快要灭亡了。"卜皮反驳道。

"寡人以仁慈治国，这样有错吗？"魏惠王愕然道。

卜皮回答道："陛下若只想给天下百姓仁慈的形象，就不能居人之上。如今即使百姓、大臣犯罪，陛下在处罚他们时也会踌躇不前。有过不罚，无功却受禄。这样天下人都会看不起大王，百姓也会放肆。所以臣说国家快要灭亡，就是这个道理。"

古人尚且明白这个道理，作为一个现代管理者，更应该认识到奖罚分明的重要性。如果一个管理者奖励了一个不该奖励的员工，很可能使那些懒于工作的人养成投机取巧的作风；而把应该奖励的人忽略了，就会严重打消他们的积极性，甚至会失去这些人才。

在一家小型炼油厂里，有个喜欢搞技术钻研的小伙子，他通过长时间的理论探索和实践，总结出了一套改进设备以提高出油率的先进方法。他把这个方案提交给他的主管，主管却不屑一顾，并对他说："我招你来是干活的，不是搞研发的，那些专门搞技术的都没说话，你这样不是耽误事吗？回去好好干活吧！"

按理说，主管即便对小伙子钻研的成果有所质疑，但对下属这种致力于技术研究的精神还是应该赞扬的，而且应该对研究成果进行试验。但是这个主管不但没有给做出技改成绩的下属以赞赏，反而奚落了一番，实在是不应该。

小伙子被主管数落了一通之后非常沮丧，他觉得在这家企业已经看不到自己的出路和发展空间了，于是不久之后便辞了。紧接着他应聘到另外一家小型炼油厂，在那里，他同样积极热衷于研发工作，这一次，他的研发成果获得了上级的极大肯定，经过试验很快便投入了生产中。小伙子不仅受到了企业的嘉奖，而且从一名普通的工人成为了工厂研发团队的一员。

如果团队由第一家工厂的主管那样的人长期带领，作为下属是看不到未来的，下属看不到未来，自然会影响工作成绩，进而企业的发展也会受到严重的影响。

如前所说，奖罚分明会对一个组织的有效运转起到非常积极的作用。对有功者的奖励必然应伴随着对无功或有过者的惩罚。管理者如果不能做到赏罚分明，还不如不奖不罚，因为奖罚不明所引起的不良后果远比不奖不罚大得多，会严重加剧人心涣散和组织混乱。

■ 原典

听谗而美，闻谏而仇者亡。

王氏点评

君子忠而不佞，小人佞而不忠。听谗言如美味，怒忠正如仇仇，不亡国者，鲜矣！

译文

听到谗言就感觉心里很舒服，看到那些上谏忠告的人就像看到仇人一样，这也就离灭亡不远了。

黄石公智慧

当领导的最容易犯的过失有三种:一是好谀,二是好货,三是好色。其中,奉承是许多领导都难以逃掉的"糖衣炮弹"。或许有些人最初对此有所警觉,但日久天长,多半就会慢慢习惯了。原本喜欢听逆耳之言,喜欢借此砥砺品行的人,最后也会变得越来越自以为是,越来越听不进别人的忠言。

这也难怪,毕竟人人都爱听悦耳的话,这些话的确能够使人精神愉悦,可是悦耳的话听多了,就会像喝酒成瘾一样,让人越来越难以自制,越来越无法辨别真假。

洪应明在《菜根谭》中写道,"耳中常闻逆耳之言,心中常有拂心之事,才是进德修行的砥石。若言言悦耳,事事快心,便把此生埋在鸩毒之中也。"由此可见,好事遇多了,好话听多了,人就好像泡在毒药缸里一样,也会变得越来越昏聩了。

齐桓公称霸后,在生活作风上越来越放纵自己,常在后宫饮酒作乐。管仲见此情景十分担心,于是便向齐桓公进谏说:"宴安鸩毒,不可怀也。"齐桓公虽然不愿意听,但由于管仲曾经辅佐他称霸诸侯,所以对他的批评却也能接受,但也是左耳听,右耳出。

管仲病重后,齐桓公去看望他,并问他死后谁可以接替他的相位。管仲劝他远离易牙、竖刁、常之巫这些人。

齐桓公说:"易牙把自己的宝贝儿子煮熟了让我尝鲜,这么忠心耿耿的人还值得怀疑吗?"

管仲说:"每个人都疼爱自己的孩子,这是人之常情。既然他可以忍心烹杀自己的儿子,那么将来对大王,还会有什么残忍事情不能做呢?"

桓公又问道:"竖刁为了亲近寡人把自己阉了,这样的人也值得怀疑吗?"

管仲回答道:"每个人都爱惜自己的身体,这也是人之常情。竖刁能下狠心把身体弄残了,以后对大王还有什么下不了手的呢?"

桓公又问道:"常之巫知道人的生死,能治重病,这样的人也值得怀疑吗?"

管仲回答道:"死生,是每个人都逃不过的命运;疾病,是人体失常所致。大王不顺其自然,守护根本,却完全依赖于常之巫,那他将对您无所不为了。"

桓公又问道:"卫公子启方,事奉寡人十五个年头了,他父亲死时都不肯离开寡人回去奔丧,这样的人也值得怀疑吗?"

管仲回答道:"每个人都敬爱自己的生身父亲,这同样是人之常情。启方的父亲死了他都不曾回去看一眼,那对大王您又将如何呢?"

管仲死后,桓公开始时依照他的劝告,将易牙、竖刁等人赶出了宫外。可是过了一段日子后,他却非常不习惯没有这些人的日子,于是又将他们接了回来。这时候,齐桓公早已将管仲劝告置之脑后。这些人继续投其所好,阿谀谄媚,桓公沉浸其中,不能自拔,而齐国的政治也渐渐开始腐败了。

后来桓公重病,这几个人密谋在他寝室四周筑起围墙,禁止任何人入内。这时,桓公才幡然醒悟,他的鼻涕横流地感慨道:"唉!还是圣人的眼光比我们远大呀!若是死者地下有知,我还有什么脸面去见仲父呢?"说罢,他自己扬起衣袖捂住脸部,气绝身亡。他死后,尸首无人理睬,以致腐烂发臭,蛆虫爬出门外,上面只盖一张扇,三个月没有安葬。

齐桓公的死可以说是他自己一手造成的,他的悲剧结局提醒警示世人:一个人如果终日被赞扬的话包围,赞美之词不绝于耳,就会像喝含有"鸩毒"的美酒一样,渐渐丧失警觉,腐化自己奋发向上的精神,沉湎在自我陶醉的深渊中,而最终便会毁了自己。

原典

能有其有者安,贪人之有者残。

张氏注曰
有吾之有,则心逸而身安。

王氏点评
若能谨守,必无疑失之患;巧计狂徒,后有败坏之殃。如智伯不仁,内起贪饕、夺地之志生,奸绞侮韩魏之君,却被韩魏与赵襄子暗合,返攻杀智伯,各分其地。此是贪人之有,返招败亡之祸。

译文
藏富于民,以百姓的富有作为本身的富有,这样才会安定;欲壑难填,总是贪求别人所有的,必然残民以逞。

黄石公智慧

黄石公在这章所启示的道理,可谓全章的核心所在,即感恩自己现在所拥有的,这种心态是人生逢凶化吉的良药。同时,所有的祸害和痛苦都是无法节制的贪念招致的。

老子认为,"圣人为腹不为目,故去彼取此。"智者对生存的条件的要求并不苛刻,他们以自己所拥有的为满足,从不贪恋自己得不到的事物。

像老子这样对人与社会有着透彻认识的人,往往深知人事的微妙和社会的错综复杂,也知道人所有烦恼的根源都是从贪求中得来的。

烦恼都是因事情而起，而好事也绝非那么单纯。其实，人们眼中的好事多半都是虚幻的，过分追逐物欲只能带来一时的快乐，而引发的祸患却是长久的。

春秋时期，越国被吴国打败，越王勾践带领残兵逃到会稽山上，被吴军团团围住。勾践派人向吴王夫差请降，夫差不答应。这时，勾践的谋臣文种、范蠡为他出主意说："吴国大臣伯嚭十分贪财，夫差非常宠信他，如果用重礼向他行贿，他一定会为我们说好话的。"

勾践于是让文种带上大量金银财宝，又选了八位美女，去往求见伯嚭。

伯嚭偷偷地接见了文种，一见重金和美人，他十分高兴。文种趁机对他说："我奉命来见你，是不想让好事给别人占去。财宝和美人都在这里，只要你肯替我家大王美言几句，让吴王退兵，这些就都是你的了。"

伯嚭说："越国灭亡了，越国的东西都会归吴国所有，这点东西又算得了什么呢？你是骗不了我的。"

文种早有准备，马上接着说："即使是这样，越国的一切也是都归吴王所有，你是得不到半点好处的。何况只要越国不亡，我们定会时时记得你的恩德，对你的进献永远也不会停止。这是天大的好事，聪明人是不会拒绝的。"

伯嚭觉得文种说得在理，就收下了美人和财宝，并答应替越国求情。

伯嚭在吴王面前说了很多好话，吴王终于决定撤兵，越国得以保存下来，但勾践却成为了吴王的奴隶。

勾践在吴国做人质期间，文种年年不断地给伯嚭送上丰厚的礼物。伯嚭便不停地为勾践进言，最终帮助他回到了越国。

后来，勾践发奋图强，振兴越国，并最终灭掉了吴国。这时候，伯嚭自以为有功，欢天喜地去拜见勾践。勾践却对他说："你贪财好色，出卖自己的国家，还有脸见我吗？"

最后，伯嚭一家被勾践所杀。

伯嚭被贿赂迷住了心眼，在物欲的享受上不厌其多，结果搭上了自己和全家人的性命，还断送了整个吴国。历史上如伯嚭一样因贪财而葬送前途和性命的人不在少数，其中著名的还有清朝的和珅。

和珅可谓清乾隆年间最风光的大臣，他由一名默默无闻的三等侍卫，最终成长为了乾隆皇帝身边的大红人。有了乾隆的庞信，和珅变得越来越贪心，开始利用各种方法来聚敛钱财。但树倒猢狲散，一朝天子一朝臣。乾隆去世后，和珅失去了这个最大的靠山，嘉庆登基后办的第一件大事就是查抄了和珅的所有财产。嘉庆初年，民间有这样的说法——"和珅跌到，嘉庆吃饱"，据说和珅的家产是清王朝康乾盛世年间十五年的国库收入总和，可见其贪婪之盛。

和绅不知疲倦、不知休止地贪污得到的这些资产无疑最终加速了他的灭亡，可以说就是他的催命符。试想下，如果和绅能够适可而止，在乾隆退位之后，他也不至于人头落地。正如黄石公所说，不以自己所有的为安，而妄图占有别人的东西，最后只会招致毁灭。

"安于现状"常常被用来讥讽一个人不思进取，或许，对现状完全满足的人很难获得成长的，但没有节制的贪欲虽然能给人带来前进的动力，但也会让人们对现在所拥有的美好视而不见。

说到底，人痛苦的根源不外乎不能调和自己的欲望，如果能够在安于现状的同时，又奋发进取，那么必定能有所成就。有了这种豁达的心态，才不会被命运这个说法所局限，也只有这样，人生才能苦少乐多。

安礼章第六

张氏注曰:「安而履之为礼。」

王氏点评:「安者,定也。礼者,人之大体也。此章之内,所明承上接下,以显尊卑之道理。」

安礼章第六

原典

怨在不舍小过。

王氏点评

君不念旧恶。人有小怨,不能忘舍,常怀恨心;人生疑惧,岂有报效之心?事不从宽,必招怪怨之过。

译文

抓住下属微小的过失不放,就容易招致他们的怨恨。

黄石公智慧

《菜根谭》上有这样一段话:"宽人之恶者,化人之恶者也;激人之过者,甚人之过者也。"意思是说:宽恕别人的错误,就是帮助别人改正错误;用激烈的态度对待别人的错误,就是要让别人再错上加错。

正所谓,人非圣贤,孰能无过?世上没有十全十美的人,没有谁能保证一辈子都不做错事。因此,对待有过错的人才要有宽容的胸襟,不要因为对他们的期望高而求全责备。尤其是当你身处高位时,面对下属的一些过错更要有容人之量,切不可因一点小小的过失就对其百般挑剔,甚至一棒子打死。这样做的话,下属很可能会觉得理不公、气不顺，怨恨不满的情绪也就会随之而产生，从而对工作造成不同程度的负面影响。

其实，下属犯了错误，最痛苦的是他自己，所以应该给他改正错误的机会。一般来说，能够给予下属再来一次的机会，常会收到一石三鸟的用人效果：第一，能使其感激你的宽厚仁慈；第二，能使其痛悔自己的过错；第三，能使其拼命工作，以便将功补过。而且，实践表明，有过错的人往往比有功劳的人更容易接受困难的工作。重用有过错的人实际上就是对他的一种强大的激励，可以使其一跃而起，创造出令人可喜的成绩。

另外，对于有过错的人才而言，他们更需要获得重新证明自己的价值和展示自己的才华的机会，尤其是当他们因过错而受到别人的歧视冷落时，这种愿望就更为迫切。作为领导者，如果你能够给他们提供这样的机会，那么他们就会迸发出超乎寻常的热情和干劲儿，付出几倍，甚至几十倍的努力去弥补以前的过失，从而在工作中创造出非凡的成绩。

在美国南北战争期间，有一个名叫罗斯韦尔·麦金太尔的年轻人被征入骑兵营。由于战争进展不顺，兵源奇缺，在几乎没有接受任何训练的情况下，他就被匆忙地派上了战场。

在战斗中，年轻的麦金太尔被残酷的战争场面吓坏了，那些血肉横飞的场景让他整天都处于恐慌中，终于，他承受不住内心的恐惧，开小差逃走了。但不幸的是，很快他就被抓了回来，军事法庭以临阵脱逃的罪名判他死刑。

麦金太尔的母亲得知了这个消息，她在第一时间向当时的总统林肯发出请求。她认为，自己的儿子之所以临阵逃脱，是因为太年轻，少不更事，如果能再给他一次机会，那么他一定可以用自己的行动来证明自己。林肯觉得麦金太尔的母亲说得很有道理，应该给这个年轻人一次改过的机会。但是，他的这一想法却遭到了部队的将军们的极力反对，他们力劝林肯应严肃军纪，声称如果开了这个先例，必将削弱整个部队的战斗力。

在此情况下，林肯陷入两难境地。但经过一番深思熟虑后，他最终决定宽恕年轻的麦金太尔，并说了这样一句著名的话："我认为，把一个年轻人枪毙对他本人绝对没有好处。"为此他亲自写了一封信，要求将军们放麦金太尔一马："本信将确保罗斯韦尔·麦金太尔重返兵营，在服役到规定年限后，他将不受临阵脱逃的指控。"

如今，这封褪了色的林肯亲笔签名信，被一家著名的图书馆收藏。这封信的旁边还附带了一张纸条，上面写着："罗斯韦尔·麦金太尔牺牲于弗吉尼亚的一次激战中，此信是在他贴身口袋里发现的。"

麦金太尔获得了一次证明自己的机会，因此他由一个怯懦的逃兵变成了一位无畏的战士，并战斗到了生命的最后一刻。由此可见，宽恕的力量是何等巨大。

其实，作为领导者，放手让优秀的人去做的事情都是比较重要的，而这种情况下相对而言也是比较容易出现闪失的，因此，应当以一颗平常心去对待他们有可能出现的过错。对于这些过错，应当综合进行分析，然后在此基础上去理解和原谅他们。

作为领导者，应当认识到，无论是平凡的人还是优秀的人，一样都会犯错。如果能给他们第二次机会，他们才有机会弥补先前犯下的过失。而且，你的谅解和鼓励，会激发出他们更强的斗志，如此一来，或许你真的可以看到奇迹。

原典

患在不豫定谋。

王氏点评

人无远见之明,必有近忧之事。凡事必先计较,谋算必胜,然后可行。若不料量,临时无备,仓卒难成。不见利害,事不先谋,返招祸患。

译文

失败的根源就在于不在事前做好谋划。

黄石公智慧

在大家的心目中,能够做到未雨绸缪、防患于未然的人都是有大智慧的人。事实上,早在几千年前老子就发表过此言论,他说:"其安易持;其未兆易谋;其脆易泮;其微易散。为之于未有,治之于未乱。"这就是在告诫世人,在没有发生危险之前要进行全面的谋划,提高对危险的预测能力,这样才能够达到防患于未然、减少损失的目的。

中国历史上,哪个朝代都不乏一些未雨绸缪的大智者,这其中最著名的,当属三国时期的蜀相诸葛亮。他的预测能力可以说达到了一种神奇的境界——如果说赤壁之战中借东风的桥段是观天象所得出的结论,那么在让孙权"赔了夫人又折兵"的较量中,就不得不佩服他的预测之神了。

刘备和诸葛亮"借"了荆州后,毫无归还之意。周瑜正苦于讨还荆州无计可施,忽闻刘备丧偶,于是计上心来。他对孙权说:"刘备刚死了夫人，主公的妹妹正是个美人，我们不妨来个美人计，以联姻抗曹的名义向刘备招亲，然后把他骗到江东幽禁起来，逼他们拿荆州来换。"孙权觉得这个主意不错，便立刻派人到荆州去招亲。

刘备听了江东使者的话，不知是否有诈，有些犹豫，便与诸葛亮商议。诸葛亮在心里筹谋了一下，然后对刘备说："主公只管放心去吧，让赵云陪着您。一切事情我自有安排，包您得了夫人又不失荆州。"刘备和赵云出发之前，诸葛亮暗地里对赵云说："我这里有三个锦囊，内有三个妙计，到了江东之后打开第一个，到年底打开第二个，危急无路时打开第三个。"赵云点头，收好了锦囊。

随后，刘备、赵云带了500名士兵来到了江东。孙权装出一副很守信用的样子，表示愿意把自己的妹妹嫁给刘备。而事实上，他只想暂时把刘备稳住，好把他困在此处，并不是真要把妹妹嫁给他。此时，赵云依计打开了第一个锦囊，上面写着：将计就计。赵云心中有了主意，便命令士兵去购买成亲的各种用品，并到处宣扬："刘备要和孙权的妹妹结婚了！"他还劝刘备去拜见周瑜的丈人乔国老。

乔国老把这件事告诉了孙权的母亲。孙权的母亲一听大怒，召见孙权骂道："男婚女嫁乃人生大事，怎么我做母亲的竟然不知道女儿要出嫁？那个刘备是个什么样的人我总得见见吧？"于是传令在甘露寺相亲。老太太见了刘备后十分高兴，没想到刘备是个仪表堂堂、气度不凡的人，当即便同意把女儿嫁给他。这一下，孙权是哑巴吃黄连——有苦难言，只好依了母亲，把妹妹嫁给了刘备。

出主意的周瑜也是苦不堪言。一计不成，又生一计。他对孙权说："刘备是苦出身，极少享乐，现在可以利用声色犬马迷住他，离间他与手下人的关系，到时再出兵夺取荆州。"孙权听了周瑜的话，觉得有理，便给刘备提供各种各样的玩意儿，让刘备玩得乐不思蜀。刘备和孙权的妹妹也非常恩爱，在江东过得很幸福。

赵云见刘备迷恋新婚生活，不打算回荆州了，心里很苦恼。恰好到了年底，他想起了诸葛亮临行前的嘱咐，便打开了第二个锦囊，看后心领神会。他向刘备报告说："曹操出兵55万要报赤壁之仇，荆州危急，主公宜速赶回。"刘备大惊，第二天就带着夫人，借口到江边祭祖，一路朝荆州方向飞奔而去。

孙权知道真相后，急派人马追赶，又派周瑜的队伍在前方挡住去路。眼见情况危急，赵云打开了诸葛亮的第三个锦囊，把里面的妙计给刘备看。刘备依计向夫人哭诉，说孙权、周瑜利用美人计想诱杀自己。孙权的妹妹十分崇敬刘备，夫妻感情也非常深厚，她早已打定主意与刘备荣辱与共。所以听了刘备的话，她非常气愤，便走出座车，对追赶上来的士兵严辞斥骂。将士们见孙权的妹妹发火了，只得让开大路放他们过去了。

刘备和士兵们走到荆州地界的时候，周瑜又率兵赶到，结果被诸葛亮早已布下的伏兵杀得丢盔掉甲，大败而回。

诸葛亮不愧是一个预测大师，在刘备出发之前，他已经周密地思考了敌我双方的力量及可能出现的问题，并制定了相应的对策，因此，刘备和赵云才能够在紧要关头做到处变不惊，逢凶化吉。由此可见，是否具有筹谋的能力对于一个人成就事业是十分重要的。

因此，在做一件事之前，一定要学会运用发散性思维，全方位地思考问题，将各种可能发生的情况都纳入考虑的范畴，采取排除法，最终确定一种或几种最有可能发生的情况，然后针对情况准备，这样才能将危险与损失降到最低。

原典

福在积善，祸在积恶。

张氏注曰

善积则致于福，恶积则致于祸；无善无恶，则亦无祸无福矣。

王氏点评

人行善政，增长福德；若为恶事，必招祸患。

译文

时刻记得积善的人一生幸福平安，作恶多端的人总有一天会遭到恶报。

黄石公智慧

"善有善报，恶有恶报"这句古老的箴言，仔细品味，的确能咀嚼对于今人生活实践有益的营养。

"善有善报，恶有恶报"表达了善良人们的强烈心理期待。拉法格在《思想的起源》一书中向人们描述了原始人对善恶有报的深切渴望。其实，文明人又何尝不是如此？正义的理念无论怎样千变万化，"善有善报，恶有恶报"始终是正义一成不变的内涵之一，文明人类早已把善恶有报嵌入正义的深层结构之中。

也许正是对善恶有报的渴望，才有了对善无善报、恶无恶报的一些现象的控诉，及古代社会对清官的祈盼与向往和宗教对来世报应的虚设。因此，顺乎民心，自然包括尽可能地满足老百姓善恶有报的愿望。

在滚滚的历史洪流中积淀下来的这沉甸甸的八个字，似有一种神奇的力量，总能让善良的人最终都与平安幸福相伴。

原典

饥在贱农，寒在惰织。

王氏点评

懒惰耕种之家，必受其饥；不勤养织之人，必有其寒。种田、养蚕，皆在于春；春不种养，秋无所收，必有饥寒之患。

译文

忍饥挨饿的人大多是因为鄙视农业劳动，在寒风中哆嗦的人大多是因为懒于养蚕织造。

黄石公智慧

一直以来，勤劳都是我们中华民族最令人称道的传统美德。我们的祖先在曾经的蛮荒年代用勤劳和汗水创造了辉煌灿烂的中华文明，从而让我们的国家跻身于世界四大文明古国之列。直到今天，与"中国人"这三个字联系最紧密的仍然是"勤劳"。具体到个人，勤劳更是安身立命的最重要的品德之一。

唐朝大文学家韩愈说过一句经典的名言："业精于勤荒于嬉，行成于思毁于随。"后世中有许多人都把这句经典名言用于了实践，其中将其发挥到极致的当属近代中国绘画大师齐白石。

齐白石小的时候，家里生活艰难。他只读了半年书，就辍学开始打柴放牛了。从小他就喜爱绘画，但由于家境贫寒，买不起纸墨，只能用废账簿和习字纸练习，有时候他一画就画到深夜。长到12岁，他因体弱无力耕田，改学雕花木工，为了寻求雕花新样，从此与绘画结下了不解之缘。有一年，他偶然得到一部残缺的乾隆年间翻刻的《芥子园画谱》，喜不自禁，从此开始反复临摹，逐渐摸到了绘画的门径。

27岁那年，齐白石正式从师学画。从此，他数十年如一日，几乎每天笔耕不辍。据记载，他一生只有三次辍笔的时候：第一次是他63岁那年，因生了一场大病，七天七夜昏迷不醒；第二次是他64岁那年，他的母亲辞世，由于过分悲恸，几天不能画画；最后一次，是他95岁时，也是因生病而辍笔。三次加起来也仅仅一个多月的时间。

齐白石一生作画四万余幅，吟诗千首；他自乐"三百石印富翁"，其实，他治印共计三千多方，被著名文学家林琴南誉为"北方第一名手"，与他的画齐名。

直到60岁前，齐白石画虾主要靠的是摹古。62岁时，齐白石认为自己对虾的领会还不够深入，需要长期细心观察和写生练习。于是就在画案上放了一个水碗，长年养着几只虾。他反复观察虾的形状、动态。然而，这个时期的功夫依然还是侧重在追求外形。画出的虾外形很像，但精神不足，还不能表现出虾的透明质感。65岁以后，齐白石画虾有了一个飞跃，虾的头、胸、身躯都有了质感。这以后他开始专攻虾的某些部位，画虾不仅追求形似，更追求神似。70岁终于达到了形神兼备的程度，到了80岁，笔下的虾已经活灵活现，绘画技巧已经炉火纯青了，但他依然非常勤奋。

85岁那年，一天下午他连续画了四张条幅，直到吃饭时，坚持又画了一张。画完后题道："昨日大雨，心绪不宁，不曾作画。今朝制此补充之，不教一日闲过也。"

正所谓，勤勉不倦。齐白石早年曾刻"天道酬勤"印章以自勉，临终前又留下"精于勤"的手迹以勉人。另外，他还有一块"痴思长绳系日"的印章，足见他一生是何等的勤奋。

1953年，白石老人已是93岁高龄，一年中仍画下了600多幅画。正因为他一日也不"闲过"，才最终在绘画、篆刻方面做出了卓越的贡献，成为世界文化名人。他90寿辰时，国务院文化部授予他"中国人民杰出的艺术家"的光荣称号。

达·芬奇曾经说过："勤劳一日，可得一夜安眠；勤劳一生，可得幸福长眠。"如果一个人懒惰一天，那便是浪费了一天的光阴，也可能浪费了一个绝佳的成功机会；如果一个人懒惰一生，那就是毁了自己的人生，让自己带着失败的烙印走向死亡。自古以来，没听说过哪个懒汉有过什么作为，受到人们讽刺的故事倒是不少。

从前，有一个懒到极点的人。因为这个人实在懒得什么事也不肯干，所以，最后家人给了他三个饭团就把他赶出了家门。

懒汉不知去哪儿才好，没办法，就把装有饭团的包裹吊在脖子上，毫无目标地向前走着。走着走着，肚子饿了。

"肚子饿了，真想吃饭团儿啊，可是要从包里取出来才能吃，真是太麻烦了！"

他懒得伸手从包里拿饭团，于是就继续忍着饥饿。走着走着，他有点饿得受不了了，可是依然没有动手，而是小声嘀咕说：

"怎么没人来呀，要是有人来的话，就请他帮忙解开包裹。"

就在这时，从对面走来一个头戴斗笠、张着嘴巴的男人。

"嘿嘿，莫非他饿慌了，才把嘴张得这么大？"懒汉心里想。

等到戴斗笠的男人走到跟前，懒汉对他说：

"喂，能不能替我解下吊在脖子上的包裹啊？里面有饭团，让一个给你怎么样？"

没想到那个戴斗笠的男人回答说:"我的老弟,我的斗笠的绳子松了,我正愁系起来太麻烦,所以才张开大嘴,好让下巴去绷紧那绳带啊!所以,我哪有闲功夫帮你解包裹呢?"

或许这个故事有些夸张,懒到这种程度的人在生活中并不多见,但是懒惰带来的恶果却是切实存在的。

懒惰的习惯让人一事无成,让人总是等待机遇而不是主动追求,有了行动也主动放弃;懒惰的习惯令人厌倦几乎所有的事,对任何的事情都不感兴趣,也没有任何动力;懒惰使人总是浑浑噩噩,不知道自己要干什么,庸庸碌碌度过自己的一生。

贫穷不是罪,但因懒惰而导致贫穷则是一种罪。懒惰让人失去目标,失去热情,失去机会,即使是天赐良机摆在身边,懒惰的人也会对它视而不见。

或许有的人会说,我的天赋不错,比起其他人来说有懒惰的资本,别人忙一周的工作我只需要一天就能搞定。但是,如果你仅仅将标准放在那些天赋不如你的人身上,总有一天,他们也将超过你。正所谓,勤能补拙。

爱因斯坦说:"在天才和勤奋之间,我毫不迟疑地选择勤奋,它是世界上一切成就的催生婆。"没错,一勤天下无难事,所有有作为的人都会告诉你,是勤奋成就了他们伟大的一生,所以千万别让懒惰毁了你,一时的偷懒能让人轻松,但要成了一种习惯,那你永远成不了气候。

原典

安在得人,危在失士。

王氏点评

国有善人,则安;朝失贤士,则危。韩信、英布、彭越三人,皆有智谋,霸王不用,皆归汉王;拜韩信为将,英布、彭越为王;运智施谋,灭强秦,而诛暴楚;讨逆招降,以安天下。汉得人,成大功;楚失贤,而丧国。

译文

能安安稳稳地掌控天下,是因为身边有贤能之人辅佐;社稷朝不保夕是因为人才都流失了。

黄石公智慧

人的力量是无穷的,人才是人中之杰,其力量更是无穷的,人才的重要性绝对不容忽视,谁忽视了人才,谁就等于掘掉了事业的根基。有贤者相助败势亦可转危为安,弱势也可茁壮成长。当然,事业也是成于贤才,损于庸才,败于小人。

刘基作为朱明王朝开国元勋之一,以长于谋略深受朱元璋器重,被朱元璋比为汉代的张良,称之为"吾子房也"。刘基元末曾经为官,目睹了当时社会政治的腐败。他把自己的政治主张、哲学思想用寓言杂论的方式表达出来,写成了一部奇特的著作——《郁离子》。在这部政论著作中,刘基用了二十多篇文字专门讨论用人问题,既阐发了他一贯的用人思想,也明显而又巧妙地结合了当时的社会实际,尤其在用人问题上提出了诸多精辟的主张,因此可以说这是一部讨论用人与人才的名著。

在这部著作中,刘基首先提出了去浮饰,求真才。言必称先王、三代,认为古人优于今人,慕虚名而不求实才,重古贤而轻今人是封建统治者常有的偏颇。刘基尖锐地批判这种陈腐观念。在著名的《良桐》篇中,他写道:有一位善于制琴的工匠叫工之侨,得到一块优质桐木,"砍而为琴,弦而鼓之,金声而玉应,自以为天下之美也。"然后将琴献给主管宫廷礼乐的官员太常。太常看了看摇头说,这不是古物。工之侨将琴带回,"谋诸漆工,作断纹焉。又谋诸篆工,作古字焉。匣而埋诸土,期年出之。"琴被挖出之后,"抱之以市,贵人过而见之,易之以百金;献诸朝,乐官传视,皆曰:'稀世之宝也'。工之侨闻之,叹曰:'悲哉世也,岂独一琴哉,莫不然也,而不早图之,其与亡也。'"

一把好琴,因新制"弗古",被弃之不取,一旦弄假仿古,身价百倍。这不得不说是社会的偏见。工之侨因此兴叹,从此避世深山,实际上这是刘基的自喻。从反复古的意义上说,刘基的用人思想是有革新意义的。

刘基又以马喻人才。在《八骏》这篇文章中,叙述善于识马的造父死后,人们不能识马,仅以产地判别马的好坏。以冀产为优,非冀产为劣,在王宫群马之中,以冀产马为上乘,作为君王乘驾之马;以杂色马为中乘,作为战时用马;以冀州以北的马为下乘,供公卿骑用;而江淮之马只算是散马,只服杂役。其养马者也依此划分等级。后来,强盗侵入宫中,紧急调马参战,内厩推辞说:"我是君王外出乘的马,不应我去!"外厩说:"你食多而用少,为什么先让我上阵?"结果互相推诿,导致许多马匹反被强盗劫走。

此文以马喻人,指出对人的使用不能因地域、民族而区分高下、尊卑,而应该依据真实才能。人有善恶,才有真伪,历代有不少恶徒小人冒充贤才而招致祸患的事例。

刘基举例说,战国时楚国春申君虽称门客三千,但良莠不辨。"门下无非狗偷鼠窃无赖之人。食之以玉食,荐之以珠履,将望之以国士之报……春申君不寤,卒为李园所杀,而门下之士无一能报者。"人才的善恶与药草一样颇多假象,因而需透过表面鉴别。刘基以采药喻辨别人才:一位山中有经验的老丈介绍说:岷山之阴有一种药名叫"黄良",此药"味如人胆,禀性酷烈,不能容物",外表丑恶。然而,将黄良"煮而服之,推去百恶,破症解结,无秽不涤,烦疴毒热,一扫无迹",分明是一种苦口性烈的高效良药;另外一种草"其状如葵,叶露滴人,流为疮质,刻骨绝筋,名曰断肠之草",这种草,外形美好,实为恶毒。因而"无求美弗得,而为形似者所误"。

在现代社会,重视人才的观念越来越深入人心。一个没有人才意识的领导者不是称职的领导者,想成就事业者,请从吸纳和辨别人才开始吧!

原典

富在迎来,贫在弃时。

张氏注曰

唐尧之节俭,李悝之尽地利,越王勾践之十年生聚,汉之平准,皆所以迎来之术也。

王氏点评

富起于勤俭,时未至,而可预办。谨身节用,营运生财之道,其家必富,不失其所。贫生于怠惰,好奢纵欲,不务其本,家道必贫,失其时也。

译文

富有是因为勤劳节俭,贫穷是因为骄奢淫逸。

黄石公智慧

明代人李晋德著有《商贾醒迷》一书，堪称"商典"，该书中有这样几段话：

商人如果不俭省节约，怜惜钱财，那就是辜负了自己披星戴月、跋山涉水的辛苦经营。作为一个商人，不辞艰难，不分昼夜，登山涉水，浪迹四海，所追求的一点点利润，都从惊心恐惧和辛勤劳作中得来的，如果对自己的钱财不俭省、爱护和怜惜，那么自己辛苦劳碌还有什么意义呢？

在现代社会企业中理财，首要的任务仍然该是节俭。没有一个成功的理财者说是靠"铺张浪费"而发家致富的。节俭是一种可以养成的习惯，也可以说是使事业成功的因素。

"勿以善小而不为。"节俭也是一样，不论大小。一旦事业开始，对天性节俭的人而言，其成功机会较才华相同者要多很多。因为今天高度竞争的市场环境中，即使只是在小方面去节俭，但聚少成多，也是很可观的，甚至还有可能造成赚钱和赔钱的区别。

除此之外，对一个有节俭习惯的人而言，他的这种行为也会为自己存有一笔积蓄，以防不时之需。

从节俭到奢侈很容易，从奢侈再到节俭却很艰难。吃饭穿衣，如果能想到来之不易，就不会轻易浪费。一桌酒席，可以置办好几天的粗茶淡饭，一匹纱绢，能做好几件衣服……有的时候要常想着没有的时候，不要等到没有的时候再想有的时候，这样子子孙孙都能享受温饱了。

在过去的农业社会，一个家族的兴起，往往都要经过数代的努力积聚，为了让后代子孙能体会先人创业的艰辛，善守其成，所以宗族的祠堂前大多会写下祖宗的教诲，要后代子孙谨记于心。如今，虽然我们已经很少看到这一类古老的祠堂，但是我们心中的祠堂又岂在少数?五千年的历史文化,无一不是先人艰辛缔造的,这历史的殿宇,文化的庙堂,便是整个民族的大祠堂。

原典

上无常操,下多疑心。

张氏注曰
躁静无常,喜怒不节;群情猜疑,莫能自安。

王氏点评
喜怒不常,言无诚信;心不忠正,赏罚不明。所行无定准之法,语言无忠信之诚。人生疑怨,事业难成。

译文
上位者反复无常,言行不一,部属必生猜疑之心,以求自保。

黄石公智慧

领导者在与下级关系的处理上,要一视同仁,同等对待,不分彼此,不分亲疏。不能因外界或个人情绪的影响,表现得时冷时热、躁静无常。当然,有的领导者原本并无厚此薄彼之意,但在实际工作中,难免愿意接触与自己爱好相似、脾气相近的下级,这便在无形中冷落了另一部分下级,从而招致这部分下级的不满,严重的还会因此影响工作的进度和质量。

因此,领导者要适当地调整情绪,增加与自己性格爱好不同的下级的交往,尤其对那些曾跟自己有过矛盾或曾站在对立面的下级,更要经常交流感情，以防止造成不必要的误会和隔阂。

不过，有的领导者把同下级建立亲密无间的感情和迁就照顾错误地等同起来。对下级的一些不合理，甚至无理要求也一味迁就，以感情代替原则。这样做，从长远和实质上看是把下级引入了一个误区。而且，用放弃原则来维持同下级的感情，虽然一时能起点作用，但时间一长，"感情大厦"难免会土崩瓦解。所以，作为领导者，对此一定要引以为诫。

但是，如果领导者想要真正做到平等，就必须对每一位部属的个性、能力、特点等都做一区别，定出一个基准，在平等的基准上，找出个别的差异，这才叫做平等。

总之，作为一个优秀的领导，在平常的行事中，就应该一碗水端平。确立平等的标准和态度，一脱离标准，就要亲自反省，如此才能获得部属的信赖。

■ 原典

轻上生罪，侮下无亲。近臣不重，远臣轻之。

张氏注曰

轻上无礼，侮下无恩。淮南王言：去平津侯如发蒙耳。

王氏点评

承应君王，当志诚恭敬；若生轻慢，必受其责。安抚士民，可施深恩、厚惠；侵慢于人，必招其怨。轻篾于上，自得其罪；欺罔于人，必不相亲。君不圣明，礼衰、法乱；臣不匡政，其国危亡。君王不能修德行政，大臣无谨惧之心；公卿失尊敬之礼，边起轻慢之心。近不奉王命，远不尊朝廷；君上者，须要知之。

译文

轻慢上级难免会罪及自身，侮辱怠慢下级难免会众叛亲离；看不起身边的亲信大臣，留在身边却不重用，其他的臣子就会轻视叛逆。

■ 黄石公智慧

上级对下级以礼相待，下级自然会回报以忠诚，这是君臣相处之常道。如果下级的对上级居功轻慢，那么上级即使软弱无能，也会忍无可忍，做下级的轻则削职，重则亡身。从另一个角度看，上级如果喜怒无常，欺凌侮辱下级，下级就不会亲近他，从而变成了真正的'孤家寡人'，政策法令自然也就无法做到上下畅通了。

虽说有效的御人离不开必要的批评，但不能粗暴，也切忌侮辱，一定要讲究方式。

对于外向型性格者，大可毫不客气地纠正其错误。因为，这种性格的人在被斥责之后，通常不会留下后遗症。换言之，他们懂得如何将遭受斥责的不甘心理向外扩散，脑中余留下的只是教导的内容。有时候上司若对他们大发雷霆，他们反而能提高接受的程度。

然而，对于内向性格的人则不要采取前述的方法。由于内向性格的人在受到责骂时，情绪多半会变得非常紧张，而且往往会将不甘心理积沉于心底。如此一来，不但无法将痛苦往外扩散反而可能因此萎靡不振。对于这种性格的人，应该融批评于表扬之中，即先表扬，后批评，在被批评者自尊心理的天平两边各加上相同的砝码，使他保持心理平衡，从而理智地接受批评。

因此，作为领导者，如果能够只是指出下属的错误，而不是见了面就加以痛斥，相信下属也不至于产生诸如上面的想法，而是会觉得上司并不是在指责自己的为人，只是针对自己在工作中的过失罢了。于是便会虚心学习，努力谋求改进。

不过，有些领导者却很喜欢"痛打落水狗"，下属越是认错，他咆哮得越是厉害。他心里是这样想的："我说的话，你不放在心上，出了事你倒来认错，不行，现在认借已经晚了，我不能放过你。"

试想一下，这样的对话进行到后来会是什么结果呢？不外乎两种可能，一种是被骂之人垂头丧气，假若是女性，还可能嚎啕大哭而去；另一种是被骂之人忍无可忍，勃然大怒，重新"翻案"，大闹一场而去。由此可见，领导者这样做是非常不明智的。

不过有的领导可能会说："不是我得理不让人，而是这个人一贯如此。做事的时候漫不经心，出了问题却嬉皮笑脸地认个错就想了事，我怎么能不管教管教他？"

不可否认，的确有这样的人。但即使面对这样的人，在他认错之后再大加指责依然算不上一种好的管理方法。不论真认错假认错，认错本身总不是坏事，所以先得把它肯定下来。然后再顺着认错的思路继续下去：错在什么地方？为什么会犯这样的错误？错误造成了什么后果？怎样弥补由于这一错误而造成的损失？如何防止再犯类似错误？只要这些问题、尤其是最后一个问题解决了，批评指责的目的才算达到了，而且到了这时候，真认错也还是假认错已经不再重要了。

犯错误是第一阶段，认错是第二阶段，改错是第三阶段。不管是经过批评后认错，还是未经批评而主动认错，都说明他已到达第二阶段，作为领导者，应该帮助他迈向第三个阶段，而不是用斥责和惩罚让他重回第一阶段。

原典

自疑不信人，自信不疑人。

张氏注曰
暗也，明也。

王氏点评
自起疑心，不信忠直良言，是为昏暗；己若诚信，必不疑于贤人，是为聪明。

译文
自己怀疑自己，则不会相信别人；自己相信自己，则不会怀疑别人。

黄石公智慧

孔子曰："众恶之，必察焉；众好之，必察焉。"意思是说，大家都讨厌的人或事，不要轻易相信，必须加以考察后再做判断；大家都认为好的人和事，也不要随从，也要经过观察再做结论。

孔子提出的这一主张，既抓住了人们认识并判断事物的错误所在，又恰到好处地点明了正确认识、判断事物的途径和方法，它是我们为人处世不可忽视的重要策略。历史上大量正反事例，也反复印证了它的必要性。

周公曾辅助周武王灭殷建立周朝，不幸的是，武王灭殷后便病重不起。在武王生病期间，周公十分担忧，便写了一篇祷文，请求上天让自己代武王而死。史官把周公的祈祷记在典册上，放进用金绳索捆的匣子里，珍藏起来。

武王逝世后，武王的儿子成王继位，成王因年纪小不能管理国家大事，就由周公代理。这时，周公的哥哥管叔以及弟弟蔡叔等人对他代管政事大为不满，一方面开始到处散布流言，说周公要篡夺王位；另一方面开始组织力量联络已归降周朝的纣王的儿子武庚，策划叛乱。周公为避开锋芒，只好避居东都。

周成王对这些传言将信将疑。一方面，他看到周公不但在武王执政时期表现出忠心耿耿，而且在自己年幼即位时，他代管朝政，处理政事井井有条，对自己、对母后也是毕恭毕敬，当自己长成能亲政时，更是毫不犹豫地把政权交给自己，由此看来，流言不可信。可另一方面，他又觉得周公是先朝元老，自己年轻力量单薄、根基不牢，流言也决非空穴来风。

周成王因此有些拿不定主意，不过他并未贸然对周公采取非礼的行动。不久之后，他发现了周公所写的祷文，这才深切地了解到周公对周王朝的忠诚。成王很受感动，于是派人接回周公，继续让他帮助自己治理国家，并派他率领部队平定了武庚、管叔和蔡叔的叛乱。

对于众人的意见、社会的传言，切忌过于盲目，既不要盲目相信，也不要盲目不信。正确的态度、重要的途径是必须"察"之。察传言所讲事物的原委、内情，察自己对传言所指对象的了解深度、广度和正确度，尤其要察散布传言者的动机、目的，有了这几"察"，才能尽量不做出错误的判断。

原典

枉士无正友。

张氏注曰

李逢吉之友,则"八关""十六子"之徒是也。

王氏点评

谄曲、奸邪之人,必无志诚之友。

译文

对待别人狂妄而邪恶的人不会有正直善良的朋友。

黄石公智慧

有句话说:你怎样对待别人,别人就会怎样对你。这是处世交友的基本原则。只有真心对待别人,才会拥有真正的朋友。

战国时期,齐国的孟尝君广招天下宾客,不管宾客有无才能,他都一律以礼相待,奉为上宾。有人劝孟尝君说:"你志在求取贤人助你建功立业,如今很多无才无德的人混了进来,骗吃骗喝,你为何视而不见呢?"孟尝君说:"我只不过破费些钱财,可赶走他们,他们就会以我为仇了,如此一来,谁知道会有什么祸事发生呢?"

尽管孟尝君如此仁义,可还是有人不领情。一个宾客竟勾搭上了他的一个小妾,暗地里私通。孟尝君知道后并未主张惩治那个宾客,反而为他开脱说:"男人喜爱美色,这是人之常情。要怪,也要怪我的小妾过于不检点,如果她遵守妇道,这种事就不会发生了。"

孟尝君的手下人又气又怒，坚持要把那个宾客治罪，他们说："你讲仁义，原谅他人的过错，所以他们才会胆子越来越大。如今这种无耻的事都出来了，再不严办，我们都没脸待下去了。你三番两次替坏人说话，到底为了什么呢？"

孟尝君说："为了我自己啊！我树大招风，说不上哪一天就会大难临头，到了那时，只有我的仁义才会救我。人心都是肉长的，我今天给人留条活路，他日人家才会卖力帮我。这也是我不咄咄逼人的原因。"

一年之后，孟尝君又推荐那个宾客到卫国为官。那个宾客感动万分，一直在找机会报答孟尝君的恩情。

后来，齐国和卫国关系恶化，卫国国君想要联合其他诸侯攻打齐国。这时，那个宾客冒死进谏，他对卫国国君说："我并没有什么才能，多亏孟尝君的推荐，才被大王器重。大王和齐国交战违背盟约，也不会占什么便宜，不该草率。大王如果坚持攻打齐国，我就死在大王的面前。"

最终，在那位宾客的努力下，齐国避免了战祸，度过了危机。孟尝君曾先后遭受过多次挫折，都依赖他的宾客之力一一化解掉了。他关心别人，为他人着想，结果受惠最多的还是他自己。这就是他屹立不倒的根本原因。

许多人求功心切，为了自己的目的，损人利己，认为只有这样才能有所成就，其实却大错特错了。成功需要别人相助，灾难更需要他人援手克服，遇到困难，如果没有朋友，很可能就会坐以待毙。

俗话说，"一分耕耘，一分收获"，不要总想学会如何去得，而是要学会如何去舍，懂得了付出才会有所收获，有付出才能有回报，没有无回报的付出，同样也没有无付出的回报，付出越大，回报越大。

原典

曲上无直下，危国无贤人，乱政无善人。

张氏注曰
元帝之臣则弘恭、石显是也。非无贤人、善人，不能用故也。

王氏点评
不仁无道之君，下无直谏之士。士无良友，不能立身；君无贤相，必遭危亡。谗人当权，恃奸邪榛害忠良，其国必危。君子在野，无名位，不能行政；若得贤明之士，辅君行政，岂有危亡之患？纵仁善之人，不在其位，难以匡政、直言。君不圣明，其政必乱。

译文
上级不正，下级自然也没什么好德行，如此一来，国家必将走向穷途末路，政坛必然也会跟着混乱不堪，最终的结果也就导致贤能和善良之人不复存在了。

黄石公智慧

所谓"上有所好，下有所效"，居高位者品德不规，邪癖放浪，身边就会聚集一帮投其所好的奸佞小人或臭味相同的怪诞之徒。

楚王好细腰，国中尽饿人；汉元帝庸弱无能，才导致弘恭、石显这两个奸宦专权误国；宋徽宗爱踢球，因重用高俅而客死他乡。此类事例，俯拾皆是。而励精图治的帝王却会以身作则，无论在生活作风、行事风格还是为政举措上，都会努力成为朝臣和世人的榜样。这样，才能有效地抑制不正之风，也才能留住贤能之人为己所用。

康熙皇帝不尚空谈，注重实践。他对以皇帝个人享受荣华富贵为中心内容、劳民伤财的大兴土木之举从不赞成。

康熙八年，年仅十六岁的康熙就曾在这方面表现出自己的主张。当时，因乾清宫交泰殿的栋梁朽坏，孝庄太皇太后提出拆掉重建，以作康熙听政之地。康熙是孝子贤孙，不敢违背祖母的意图，但却批示工部：不求华丽、高贵，只令朴实、坚固、耐用。

康熙二十四年十月，康熙帝对掌膳食官员说：现在的酥油、乳酒等物品，供给有余，收取足用则已，不可过多。蒙古地方很贫穷，收取者减少，则平民百姓日用所需，就可以满足。

康熙三十一年十月，他又说：停止进献新芽菜，凡是有类于此者，俱应停止。因为运送官员劳苦，烦扰地方，于地方百姓有系，省一件进贡，如同去掉一块病。

康熙三十四年十二月，户部报告说：吉林乌拉地区打捕貂鼠不足额，供应不上，管理此事的官员应该议罪。康熙帝说：数年以来经常捕打，所以貂少，只能维持原数而已。就因为不够数，讨论处分有关的人员，等于是给无辜者加罪，实在不公。如果得不到上等的貂皮，朕但愿少穿一件貂皮大衣，那有什么关系？而且貂价非常昂贵，又不是必需品，朕也没有必要非享用不可。命令有关部门转告乌拉将军酌情办理。

关于康熙个人的日常生活，比起他能支配的财富，其他帝王的豪华，都是极其简朴的。法国天主教传教士白晋于康熙二十一年到北京，曾为康熙讲授天文历法及医学、化学、药理学等西洋科学知识，出入宫廷，对康熙的日常生活了解得很细。他在向法王路易十四的报告中做了详细介绍：

从康熙皇帝可以任意支配的无数财宝来看，由于国家辽阔而富饶，他无疑是当今世界上最富有的君主。但是，康熙皇帝的生活却简单而朴素。他吃的不是山珍海味，而只是普通的食物，而且绝不追求特殊的美味，在饮食上从不铺张浪费。

从日常的服饰和日用品方面，也可以看出康熙皇帝崇尚朴素的美德。四季服装的质地几乎跟民间富贵人家的差不太多，而从他的装束上能够看到的唯一奢华的东西，就是夏天他的帽檐上镶着的一颗大珍珠。他乘坐的肩舆，就是一种木制的椅子，粗糙的木材上面涂着些颜色，有些地方镶嵌着铜板，并装饰着两三处胶和金粉木雕。骑马外出时几乎也是同样的朴素。御用马具只不过是一副漂亮的镀金铁马镫和一根金黄色的线织绳，随从人员也有节制。

康熙的信条是：以一人治天下，不以天下奉一人，常思此言而不敢有过。奉行此言便是能行节俭，不搞特殊。

为说明勤俭的深刻意义，康熙帝曾做《勤俭论》一文，主要宣讲勤俭对治理国家、改善人民生活、移风易俗的作用和影响。

俭可养廉，廉必清政，政通人和乃民心所向。康熙帝从国家的命运前途的高度来认识节俭，既要开源，又注重节流，实在是高人一等。更重要的是，他为臣下子民树立了一个良好的榜样，正所谓"正行下效"，这对于当时社会风气也造成了积极的影响。对于后来的领导者，康熙帝当是一个好榜样。

▬ 原典

爱人深者求贤急，乐得贤者养人厚。

张氏注曰

人不能自爱，待贤而爱之；人不能自养，待贤而养之。

王氏点评

若要治国安民,必得贤臣良相。如周公摄正辅佐成王,或梳头、吃饭其间,闻有宾至,三遍握发,三番吐哺,以待迎之。欲要成就国家大事,如周公忧国、爱贤,好名至今传说。聚人必须恩义,养贤必以重禄;恩义聚人,遇危难舍命相报。重禄养贤,辄国事必行中正。如孟尝君养三千客,内有鸡鸣狗盗者,皆恭养、敬重。于他后遇患难,狗盗秦国孤裘,鸡鸣函谷关下,身得免难,还于本国。孟尝君能养贤,至今传说。

译文

爱惜人才的领导者都是求贤若渴,得到贤能之人后他们都会厚待之。

黄石公智慧

古人将贤才称为"国之大宝"。真正有志于天下,心诚爱才的当权者,不但求贤若渴,而且一旦得到治世之才,就不惜钱财,给予丰厚的待遇。因为凡是明主,都知道人才是事业的第一要务。

齐国人冯谖因为贫穷得无以自存,便去投靠孟尝君,当孟尝君问他有何爱好和才能时,他竟坦然答道:"我没有什么爱好,也没有什么才能。"孟尝君笑了笑,但还是接纳了他。

手下人因看出孟尝君有些看不起冯谖,就供给他粗劣的饭菜。按照孟尝君的待客惯例,门客按能力分为三等:上客吃饭有鱼,外出乘车;中客吃饭有鱼外出无车;下客饭菜粗劣,外出自便。

这种情况下,冯谖本应安于现状,为能做孟尝君的门客而心满意足。然而,他却似乎没有意识到自己正处于仰人鼻息的处境,反倒对自己所受的待遇一再公开表示不满,而且要求越来越高。有一天,他靠着柱子弹着他的剑,高声唱道:"长剑啊,咱们还是回去吧,这里连鱼都没得吃。"下人把他说的话告诉了孟尝君,孟尝君答应了他的要求。不久,冯谖又弹剑唱道:"长剑啊,咱们还是回去吧,这里出门连车都没得坐。"孟尝君又满足了他的要求。谁想不几天,冯谖又弹剑唱起他新的要求来:"长剑啊,咱们回去吧,在这里无法养家。"

其他门客对冯谖一再无理的要求都很厌恶,责怪他太贪得无厌。可孟尝君却关心地询问冯谖:"敢问先生有亲属吗?"冯谖说:"家有老母。"孟尝君得知后立刻派人供给他老母衣食所用,不使之缺乏。从此,冯谖不再弹剑作歌了,开始竭力为自己的主子出谋划策,奔走效劳。

有一次,冯谖到孟尝君的封地薛(今山东滕州)去帮他收债。冯谖假借孟尝君的名义,把百姓的债券全部当众烧毁,以笼络人心。孟尝君见他空手而回,心中不悦。后来孟尝君遭到齐王罢官,回到薛地,老百姓感恩戴德,扶老携幼,远道前来迎接他,这时孟尝君才意识到冯谖当初所为的重要意义,也真正了解了冯谖是个有政治远见、才能卓越的人。从此,孟尝君对冯谖愈发尊重和信任。

后来有一次,冯谖对孟尝君说:"狡猾机灵的兔子有三个洞才能免遭死患,现在您只有一个洞,还远不能高枕无忧,请让我再去为您挖两个洞吧。"孟尝君应允了,就给了五十辆车子,五百斤黄金。冯谖往西到了魏国,他对惠王说:"现在齐国把孟尝君放逐到国外去,哪位诸侯先迎住他,就可使自己的国家富庶强盛。"于是惠王立即派使者带着千斤黄金,百辆车子去聘请孟尝君为国相。冯谖先一步赶了回去,告诫孟尝君说:"无论魏国怎样来请,你都不要答应。"结果,魏国的使臣往返了三次,孟尝君都坚决推辞了。冯谖这样做,其实是想让齐国君臣知晓此事。

魏国如此大的动静,齐国君臣自然很快就知道了这件事,结果君臣上下十分惊恐。于是齐湣王连忙派太傅拿着千斤黄金，驾着两百匹马拉的绘有文采的车子，带上一把佩剑来见孟尝君，并向孟尝君致书谢罪，请他回国都去治理国事。孟尝君回齐国之前，冯谖又告诫他说："希望你向齐王请求先王传下来的祭器，在薛建立宗庙。"齐王果然照办。

宗庙建成后，冯谖对孟尝君："现在三个洞已经营造好，您可以高枕无忧了。"此后，孟尝君在齐国当了几十年相国，没有遭到丝毫的祸患，这都是冯谖计谋的结果。

在现实当中，有些领导者的想法就很天真，他们既要黄牛能耕田，又要黄牛不吃草，这种不付出成本就想收获的想法和做法都是用人之大忌，贤明的领导和用人者是不会取之而用的。

原典

国将霸者士皆归，邦将亡者贤先避。地薄者，大物不产；水浅者，大鱼不游；树秃者，大禽不栖；林疏者，大兽不居。

张氏注曰

赵杀鸣犊，故夫子临河而返。若微子去商，仲尼去鲁是也。此四者，以明人之浅则无道德，国之浅则无忠贤也。

王氏点评

地不肥厚，不能生长万物；沟渠浅窄，难以游于鲸鳌。君王量窄，不容正直忠良；不遇明主，岂肯尽心于朝。高鸟相林而栖，避害求安；贤臣择主而佐，立事成名。树无枝叶，大鸟难巢；林若稀疏，虎狼不居。君王心志不宽，仁义不广，智谋之人，必不相助。

译文

国家昌盛的时候贤能之人都会回归，国家要灭亡的时候贤能之人最先逃避；贫瘠的土地不会丰收，浅水养不了大鱼，秃树不会吸引大鸟来打窝，荒芜的树林也不会有大型的禽兽安居。

黄石公智慧

一个国家要吸引贤能良才，首先要有一个好的大环境。这里用客观的自然现象作了进一步说明，假如上自朝廷下至地方，不具备振兴国家的软环境，就必然无法吸引和凝聚大批人才，正像贫瘠的土地不产瑰伟的宝物，一洼浅水养不住大鱼，无枝之木大禽不依，疏落之林猛兽不栖一样。运筹帷幄的圣贤良才，自然不会流连于危乱之邦。

这一道理不仅适用于古时国家对人才的管理，在现代组织管理中同样具有很强的现实意义。

在现代企业中，员工对公司总会有这样或那样的不满。作为管理者，如果遇到这种"消极抗争"的现象，切忌直接指责，而应该先从大环境方方面面的细节入手，去深入了解员工不满情绪是因何产生的，这样才能从根源上解决问题，从而为企业留住可用人才，同时让消极员工重新回归积极的状态。

一般来说，让员工产生消极工作状态的情况主要有以下几种：

薪酬与付出不符：大部分人都是为了生计才工作，这是最实际的问题。倘若所付出的劳动不能维持起码的生活水平，难免令人泄气。有些员工不得不做兼职，赚取外快，这样在工作时难免会精力不足，以致有所错漏，时间一长就会陷入让上司更加不满的恶性循环中。

管理者的态度专横：虽然身居下位，但员工也都是有自尊心的，如果管理者在工作中的态度总是很蛮横，自然会招来员工的不满和厌恶。

没有工休时间：这里指的不是明文规定的休息时间，而是员工在工作期间的稍事休息，比如活动活动，聊聊天，借此松弛一下紧张的神经和肌肉。如果公司要求员工不停地工作，连午餐、上厕所的时间都严格控制，那么员工疲乏之余难免会埋怨顿生。

公司人手不足：因管理者的失策或疏忽，一时未能雇人将空缺填补，从而造成要其他员工分担额外的工作，令本来已忙碌的员工更感吃力，久而久之，员工自然难免抱怨。

不公平对待员工：特别优待表现卓越的员工是无可厚非的事，但完全不理会其他员工，甚至将他们一贯的努力抹杀，却是不公平的行为。员工对此有意见，进而产生消极的状态也就很容易理解了。

未获重视：所有的决策过程都没有员工参与的份儿；所提出的建议，上司都当成耳边风，根本没有被采纳的机会。久而久之，再大的积极性也会被磨灭掉。

应酬太多：有一些管理者因为喜欢热闹，所以经常要求员工在工余时间，搞一些午餐、晚餐或例会一类的活动。长此以往，必然会直接影响员工的私人生活，员工自然难免有怨言。

必需品供应缺乏：在办公室中，文具是必需的办公用品，如行政部门有诸多限制，又要出示旧文具证明已不能用，又要签名做账等，好像乞讨般才能取得应用的物品，这是很多员工产生不满的原因。

工资发放不准时：对辛劳整月的员工来说，"发薪日"就是他们一个月的指望，在银行排了半天队，却没领到工薪水，失望可想而知。

同事不合作：不是每个员工都具有互助合作精神，有些员工专门喜欢踩在别人身上往高处爬。如果这时管理者不够精明，未能分辨是非善恶，又未加以引导，吃亏的一方一定会滋生对管理者的怨气。

加班没有额外补偿：很多公司只派工作给员工，要求他们在指定时间内完成，至于是否需要超时工作，公司一般不予理会。遇有员工投诉工作太多，必须抽出私人时间完成时，管理者反而批评员工无能。

职业倦怠：对目前的工作已经提不起兴趣了。

前途无望：上司既吝于授权，也不曾提供任何职业训练。

临时取消休假：许多管理者要求员工随传随到，不管员工是否在休假中，只要有事，就要急电其回公司上班。此举令员工非常反感，抱怨难免产生。

此外，还有许许多多可以让员工产生不满的理由。总而言之，作为管理者，一定要从实际工作出发，不断地积累经验，找出一套适合你的员工的管理办法。只要把大环境的方方面面都治理好了，就会有更多贤能之人投奔而来。

原典

山峭者崩，泽满者溢。

张氏注曰

此二者，明过高、过满之戒也。

王氏点评

山峰高崄，根不坚固，必然崩倒。君王身居高位，掌立天下，不能修仁行政，无贤相助，后有败国、亡身之患。池塘浅小，必无江海之量；沟渠窄狭，不能容于众流。君王治国心量不宽，恩德不广，难以成立大事。

译文

山太高而又过于陡峭就很容易崩塌，河泽里的水太满了就容易溢出来。

黄石公智慧

山峭崩，泽满溢，是自然常理。黄石公以此来警戒为人做官切勿得意忘形，以免翘起尾巴不思进取，从而落得一个破落的下场。

管理者最怕什么？最怕被下属瞧不起。俗话说，打铁先要自身硬。管理者如果没有过硬的真本领，就无法让下属信服，也无法坐稳自己的位置。在越来越普遍的"能者上"的机制下，加强自身建设，提升自己的竞争力，无疑是现代管理者应时刻牢记在心的第一原则。也就是说，管理者要不断补充和丰富自己的知识，尽可能地精通和熟悉业务，要有较为扎实的理论功底，成为管理内行，具有胜任本职工作的专业知识和管理才干。

那么，才干从何来？自然来自学习。学习有两种途径，一是从书本中学，二是在实践中学，并善于用科学理论之"矢"射工作实践之"的"。同时，要坚持深入实际，在实践中丰富和提高自己，在实践中学会观察事物、分析问题、解决问题的基本方法，提高组织管理、协调驾驭和处理各种复杂问题的能力。只有这样，才能避免瞎指挥和决策失误，工作起来才能让人信服。

当然，当管理者拥有了非凡的能力之后，也不要因此而傲气十足。作为领导一个团队的管理者，应当养成谦恭待人的习惯，这不仅是有修养的表现，也是提高自我形象的策略。

事实上，越是优秀的管理者就越显得谦和，他们并不会因为自己的优秀和高位而自大，他们懂得从别人身上吸取长处来充实自己。当遇到技术难题或有不明白的地方时，他们也会谦虚地向同事和下属请教。

因此，作为管理者，在工作中与同事及下属相处，千万不能为了突出自己一再地表现带有炫耀的成分，更不能为了表现自己而把自己的长处挂在嘴边，在无形之中贬低别人抬高自己。这样，不仅会让人生厌，还会被人看不起，更严重的是你可能会伤害到某一个人，而周围的人也会逐渐地离开你。这样，在无形之中，就等于你就为自己设置了许多障碍，增加了开展工作的难度，也会逐渐变成一个不受欢迎和拥戴的领导。谦逊有着令人难以置信的力量，它是自信与高尚的融合。试想一下，有谁会愿意为一个自高自大、目空一切的领导打天下呢？

在众人之中一定有值得我们学习的东西，因而要虚心学习别人的长处，把别人的缺点当作镜子，对照自己，有则改之，无则加勉。所以，敏而好学，不耻下问，虚怀若谷，应该成为每一个管理者的座右铭。

处在管理者的位置上，保持谦虚谨慎、戒骄戒躁也并不是那么容易。如果你一时还不能完全做到，就需要不断加强自身修养，以提升自己的能力和形象。

原典

弃玉取石者盲，羊质虎皮者柔。

张氏注曰

有目与无目同。有表无里，与无表同。

王氏点评

虽有重宝之心,不能分拣玉石;然有用人之志,无智别辨贤愚。商人探宝,弃美玉而取顽石,空废其力,不富于家。君王求士,远贤良而用谗佞,枉费其禄,不利于国。贤愚不辨,玉石不分;虽然有眼,则如盲暗。羊披大虫之皮,假做虎的威势,遇草却食;然似虎之形,不改羊之性。人倚官府之势,施威于民;见利却贪,虽妆君子模样,不改小人非为。羊食其草,忘披虎皮之威;人贪其利,废乱官府之法,识破所行谲诈,返受其殃,必招损己、辱身之祸。

译文

弃玉抱石者目光如盲,羊质虎皮者虚于矫饰。

黄石公智慧

认清一个人,在很多时候都是一件极其困难的事,尤其是当对方心怀不轨而竭力伪装时。但最根本的原因,恐怕还在于我们自身的"失察"。孔子说:"了解一个人,看他的所作所为,了解他的做事途径和方法,考察他的爱好。这样,这个人的品质还怎么能隐蔽得了呢?"

九方皋相马,只看重马的内在品质,而不看重马的外表,这说明他能透过现象看本质,而不是凭第一印象来判断马的优劣。识人也应该如此。诸葛亮曾对识人有过一番精辟的论述,他曾说:"有温良而伪诈者,有外恭而内欺者,有外勇而内怯者,有尽力而不忠者。"这些话对于今天的管理者来说,同样具有深刻的意义。

西汉的王莽,为历代诟骂,他篡汉自代,愚弄天下,早已是奸恶臣子的代名词了。不过,从改朝换代的角度来看,王莽却又是一个非同寻常的人物,他完全靠一个人的力量和智慧,没有动用一兵一卒,就完成了夺取帝位、建立新朝的大业,在中国历史上可谓一个奇迹。

王莽的发迹，起初完全得力于他的那个当皇后的姑姑王政君。王莽出身孤寒，父亲早死，他和母亲相依为命，艰苦度日。王政君见其母子可怜，便多方照顾，对王莽爱之逾子，怜爱备至。而且，她不顾众大臣的非议和反对，极力提拔王莽，以致王莽三十八岁时，已是朝廷重臣，身兼大司马之职。

王政君如此行事，有人向她进言道："王莽虽是皇后的至亲，加恩于他未尝不可。只是王莽外表看似敦厚，其实未必心存感激。一旦尾大不掉，皇后的苦心白费不说，大汉的江山也会岌岌可危。"

应该说王莽的伪装功夫天下一流。虽有臣子进言，但王政君却怎么也看不出他有不臣之心。她曾私下把王莽召来，对他说："你有今日，非是姑姑之功，乃皇恩浩荡之故。我们王家深受汉室大恩，任何时候，我们都要恪尽职守，报效天子。"王莽涕泣横流，立表忠心不二，王政君被其愚弄，从此更是不遗余力地提携他。

有了王政君这个靠山，再加上皇帝年幼无知，王莽欺上瞒下，不断培植自己的势力，最后被封为"安汉公"，位在三公之上，一手把持了朝政。

位极人臣，王莽并没有心满意足，他的终极目标是当皇帝。当然，他的这一想法不可避免地遭到身为汉家之后的王政君的反对。王政君深知，刘汉王朝若是不存，她也就失去了立足的根基。于是她把王莽召来，准备加以训斥，可是此时的王莽再不像从前那样恭敬，而是一副傲慢无理的模样，未等王政君开口他便抢先说道："我意已决，姑姑就不要多费唇舌了。汉室气数已尽，天命在我，姑姑若是知趣，还是把御玺交给我吧。"

王政君深知王莽羽翼已丰，再也无法驾驭他了。她又悔又恨，无奈之下，便愤愤地将御玺摔在地上，以致御玺有损，缺了一角。

至此，王莽完全撕掉了伪装，登基做了皇帝，建立了"新朝"。

王政君之所以对王莽失察，原因就在于她只看到并相信了王莽的表象，却没有深入地考察他的表现是真实的还是伪装的。按照孔子所提出的察人标准，王政君的做法显然相差太远。因此，她也只能无奈地承担严重的后果。

现实生活中，常有眼高手低之辈鱼目混珠，他们常常打着高学历、名校毕业、经验丰富的招牌，貌似很有才干，但实际工作起来，却根本没有实际操作能力。企业本想借人才之力来快速发展，结果却变成了培训员工；当培训起不到效果时，又要花心思请他们走人。到头来，无异于"赔了夫人又折兵"。

避免这种情况的发生对管理者来说并非易事，因为，谁都难免有看走眼的时候，这就需要管理者拥有透过表象看本质的能力。有时候，第一印象往往具有一些欺骗性，管理者应舍得花时间测试每位应聘者，尽力找出他们擅长什么，他们是否真正适合这份工作，他们具有什么工作技能，是否容易培养和改变他们，等等。

所以在招聘时，不要完全指望第一次面试就能全面了解一个应聘者。应该多研究一下他们的应聘材料，了解一下他们有关的背景，这样才能更有效地避免被表面上的一些东西所迷惑。另外，管理者可以带上你所挑中的候选人员去参观一下企业，观察他们对企业的兴趣程度，询问他们一些问题，让他们表述一下自己。这样，才有利于发现最合适的人才。

原典

衣不举领者倒。

张氏注曰

当上而下。

王氏点评

衣无领袖，举不能齐；国无纪纲，法不能正。衣服不提领袖，倒乱难穿；君王不任大臣，纪纲不立，法度不行，何以治国安民？

译文

穿衣不把领子整理好，整个人的形象就会威严扫地。

■ 黄石公智慧

黄石公用衣领比喻最高的掌权者，"领袖"的称谓大概正是来源于此。当然，领袖不是谁都可以当的，领袖就要有领袖的样子，就要负起领袖的责任。在其位，谋其政。既然坐到了这个位子上就要勤勉勤政，不可胡作非为，否则就没有好下场。

为政须勤敬，当官须勤敬。成大事者，必以事业为重。诚惶诚恐地对待自己的权力，尽职尽责，如履薄冰。古往今来，中国不乏这种人物，其中尤以"清代帝王多勤敬"，堪称一绝。

康熙帝从政六十余年，夜分而起，未明求衣；彻曙听政，日晡而食；数十年间，极少间断。这是康熙帝勤于政事的突出表现。康熙帝于每日清晨至乾清门，听部院各衙门官员面奏政事，与大学士等集议处理，这就是御门听政之制。而康熙帝对自己的要求则是务在精勤，有始有终。在他执政的前几十年间，"夙兴夜寐，有奏即答，或有紧要事，辄秉烛裁决。"即使到了晚年，右手因病不能写字，他仍用左手执笔批旨，决不假手他人。他在临终前留下的遗诏中说："自御极以来，虽不敢自谓能移风易俗，家给人足，上拟三代明圣之主，而欲致海宇升平，人民乐业，孜孜汲汲，小心谨慎，夙夜不遑，未尝少懈，数十年来，殚心竭力，有如一日。"这并非过誉之词。

康熙帝的勤于政务，以身作则，为"康乾盛世"的出现奠定了重要基础，也为后来的雍正帝、乾隆帝等树立了勤敬的榜样。

知勤敬者，在于努力充实自己，恰如宋代的赵普。

赵普是宋朝的开国元勋，宋太祖赵匡胤待他如同手足，任命他为宰相，不过他出身微贱，很少读书，处理朝政多凭经验，全无学术。

公元965年（太祖乾德三年）北宋消灭了西蜀国，宋太祖将蜀国国君孟昶之妻——著名的绝色美人花蕊夫人据为己有。有一次，他发现花蕊夫人所用的梳妆镜的背面有"乾德四年铸"五个字，不由十分惊疑，问道："这'乾德'二字怎么和我朝的年号相同，这是哪个朝代的？"

花蕊夫人答不出，宋太祖遍询大臣，众大臣皆不能回答，赵普也茫然不知所对。这时候翰林学士窦仪答道："蜀国旧主王衍曾经用过这个年号。"

太祖十分高兴，说道："看来宰相还是要用读书人，窦仪确实具有宰相的才识！"

太祖有意任窦仪为相，与赵普商量时，赵普想，如果窦仪入相，自己便相形见绌了，便回答道："窦学士学问有余，治国的能力却是不足。"太祖很重视赵普的意见，于是此事作罢，不过他也劝赵普要多读点书。

赵普从此手不释卷，每日退朝归来，便独处一室，关上房门读书，直到深夜。渐渐地，他的学识越来越多，入朝理政时也开始变得有章法起来，终成一代名相。

赵普虽然有武大郎开店之嫌，但他还是知道提高自己，最终不愧为一代名相，不像有些官员，自己永远安于武大郎，却又永远拒绝高人指点。

原典

走不视地者颠。

张氏注曰

当下而上。

王氏点评

举步先观其地，为事先详其理。行走之时，不看田地高低，必然难行；处事不料理上顺与不顺，事之合与不合，逞自恃之性而为，必有差错之过。

译文

走路的时候，眼不看地，而是仰面望天，没有不栽跟头的。

黄石公智慧

这一道理可以引申为处世的态度，意思是说，为人处世做人如果不看上下左右的条件限制，而总是自以为是，口出狂言，逞一时之能莽撞行事，那么，出差错、栽跟头都会无可避免。

狂言妄语说出来虽然"虎虎生威"，在某些时候也能显得"豪气"过人，但最终却常常会因此让人遍体鳞伤。老子也指出"虚而不屈，动而愈出。多言数穷，不如守中"，意思是狂妄的话多说只有弊处而无益处，不如谨守中庸之道，量力而为。但是，偏偏有一些人要与此背道而驰，结果只能落得十分悲惨的下场，《三国演义》中的马谡便是其中一个典型代表。

《三国演义》里这样记载：诸葛亮正在营中为孟达事泄被杀而懊恼不已，忽有哨探报说，司马懿派张郃引兵出关，来拒我师。

诸葛亮闻报大惊："今司马懿出关，不比曹真，他一定会去打街亭，断我咽喉之路。"环视左右问，"谁敢引兵去守街亭？"

参军马谡见丞相对司马懿如此忌惮，觉得好笑，心想那司马懿有什么可怕的？便说："末将愿往。"

诸葛亮盯着他，不放心他说："街亭把着要冲，地方虽小，干系却大。如街亭有失，我大军便完了。你虽深通谋略，无奈此地一无城池，二无险阻，把守极难呀！"

"丞相勿虑。再难也得有人把守。末将自幼熟读兵书，精通兵法，又跟随您身边南征北战，耳濡目染。难道还守不住小小的街亭？"

"司马懿非等闲之辈。先锋张郃乃魏之名将，你能对付得了他们？"

马谡有些不高兴了，觉得丞相小瞧了他。于是嘴一撇，轻蔑地说："别说是司马懿、张郃，便是曹睿亲自前来，又有什么可怕的？若有差错，杀我全家好了。"

在这次请命邀功的过程中，马谡有些过于狂妄了，可以说根本没有掂量自己到底有"几斤几两"。最后，由于布阵失利，马谡虽然侥幸逃得性命，最终却为军法所不容，被诸葛亮斩杀。

《三国演义》中还有一个实例同样说明了狂言妄语会自损，那就是魏延的死。

当时，大多数能够单打独斗胜过魏延的人基本都已经死去了，他因此变得有些自负，以至于在被杨仪激怒是否敢大喊三声"谁敢杀我"时，他毫不畏惧地猖狂大笑，并大喊了三声"谁敢杀我"，谁知在喊第三声之时，却在毫无知觉的情况下命丧马岱之手。

狂言妄语能够给人带来杀身之祸，多言同样能够让人吃尽苦头，故而老子教导大家"多言数穷，不如守中"。老子并不是教人闭口不言，而是要少说多做，因为"言多必失"是一个千古不变的道理。

原典

柱弱者屋坏，辅弱者国倾。

张氏注曰

才不胜任谓之弱。

王氏点评

屋无坚柱，房宇歪斜；朝无贤相，其国危亡。梁柱朽烂，房屋崩倒；贤臣疏远，家国倾乱。

译文

房屋梁柱软弱，屋子会倒塌；才力不足的人掌政，国家会倾覆。

黄石公智慧

黄石公在这里是以柱弱房倒来比喻国君和重臣如果起不到自己应有的作用，国家必将倾覆。君臣尽职则国民奋发图强，君臣不道，国民又怎么可能有奋斗的榜样和动力呢？

引申到现代管理中，这一道理同样意义重大。作为一个管理者，重任在肩，职位越高，就越应给他人留下好的印象。因为管理者总是处于众目睽睽之下的，既是组织领导者，又是示范引导者，其所作所为很容易引来下属的模仿。因此，管理者必须成为组织中的榜样和标杆，这是塑造"贤者"形象的需要，也是规范和激励下属的需要。

管理者的榜样作用具有强大的感染力和影响力。管理者如果骁勇善战，下属就会不计安危冲锋陷阵；管理者如果处处吃苦在前、享受在后，下属就会不计私利、甘于奉献。相反，如果管理者好逸恶劳，不思进取，那么下属也大概会变成这样的人。

对这个问题古人早已有清醒认识。《礼记·哀公问》中有这样一段对话："公曰：'敢问何谓为政？'孔子对曰：'政者，正也。君为正，则百姓从政矣。君所为，百姓之所从也，君所不为，百姓何从？'"孔子在回答鲁哀公什么是为政问题时强调："为政就是正。君主端正自己，那么百姓就服从于政令了。君主怎么做，百姓就跟着怎么做，君主不做的，叫百姓怎么跟着做？"《周书·苏绰传》也对统御者本身做了形象比喻："凡人君之身者，乃百姓之表，一国之的也。表不正，不可求直影；的不明，不可责射中，今君身不能自治，而望治百姓，是犹曲表而直影也；君行不能自修，而欲百姓修行者，是犹无的而责射中也。"大意是说：君主本身，就是黎民百姓的"表"，就是一个国家的"的"。"表"树立得不正，不能要求有笔直的影子；"的"不明显，不能要求射中目标。如果君主不能自我治理，而希望治理百姓，这如同"表"歪却要求影子直。如果君主不能自我修养，而要百姓修养，这如同没有"的"却要求射中目标。孟子也曾一针见血地指出：君主喜欢什么，手下人对此就更加喜欢。

可见，管理者在工作中的示范效应自古就受到重视。所以，希望下属做到的，作为管理者应该首先做出个样子来，持之以恒的实际行动更胜于多余的说教。如果管理者能够率先垂范，以身作则，那么这种形象和精神就会影响下属，让整个组织形成一种积极向上的态度。

如果说管理者就是下属的表率，那么下属则是管理者自己的一面镜子。下属的一些行为，其实大多数是管理者自己做过的。甚至从一定意义上来说，组织的文化就是管理者的文化。有什么样的管理者，就有什么样的组织文化。比如,微软公司由于其创始人比尔·盖茨本人进取心很强,富有竞争与冒险精神,因而勇于进取创新,敢于冒险便成为微软公司企业文化的鲜明特点。

由此可见,管理者的所作所为,几乎全部都在部属的效法之中,并且还会对组织的文化造成深刻的影响。所以,作为领导一定要时刻仔细检点自己,不要表现出你不希望在下属身上看到的那些言行。管人先管己,如果自己都做不到,又用什么规矩去约束和管理别人呢?

原典

足寒伤心,人怨伤国。

张氏注曰

夫冲和之气,生于足,而流于四肢,而心为之君。气和则天君乐,气乖则天君伤矣。

王氏点评

寒食之灾皆起于下。若人足冷,必伤于心;心伤于寒,后有丧身之患。民为邦本,本固邦宁;百姓安乐,各居本业,国无危困之难。差役频繁,民失其所;人生怨离之心,必伤其国。

译文

脚受了冻伤,就会直接伤到心脏;人民有了怨气,就会直接伤及国家的本体。

■ **黄石公智慧**

　　人民的不满可以毁掉整个国家，引申到企业管理中，同样，员工的不满也可以毁掉整个企业。所以，当员工产生不满情绪时，管理者应当充分重视起来，在处理相关问题时，一定要深入调查研究，倾听员工的心声，找到问题的根本原因。

　　这就要求管理者在日常的管理工作中要认真听取员工的意见，允许员工畅所欲言，同时要针对不同的情况给予解释和处理。如果能够认真负责、公正平等地对待员工的意见，那么在大多数情况下，员工的不满就可以消除在开诚布公的交流之中。

　　在日常工作中，员工遇到不如意的事情很容易对周围的人和环境产生不满，这种不满需要发泄，最好的方法是"让他说"，当把心中的怨恨发泄出来之后，他们的烦恼和不满自然也就会消失无踪了。

　　当然，用语言发泄不满时，还要有人"倾听"。摩托罗拉公司就经常用交谈、座谈会等方式来倾听员工的声音，取得了很好的效果。他们发现，不满和抱怨是一种积压很久的情绪，如果员工随时都有与管理者平等对话的机会，任何潜在的不满和抱怨，都会在爆发之前被解决掉。除了对员工的不满倾听外，还要对集中的意见采取改正措施，并以张贴布告或者集会宣布等形式广而告之，这样才能平息不满情绪。

　　总之，倾听是一门艺术，如果管理者善于倾听，那么企业内部的协调系统必能进入良性循环，一个和谐、有凝聚力的企业必能为每一个员工创造最好的工作环境，而发泄了不满情绪的员工在情绪平复后会为企业作出更大的贡献。

　　另外，人的积极情绪和消极情绪是同一个硬币的两面，如果不让消极情绪露面，积极情绪也就难以"浮出水面"，或者即使是显现出来，也难以长久。

　　但在现实的组织中，从上到下几乎已经达成高度的默契：积极地投入工作中，不要将负面的情绪带到工作中；对上级要笑脸相迎，对同事要随和相处；如果将不满表现出来，小心"吃不了兜着走"，至少也是幼稚和不成熟的表现；组织试图将一个完整的人分割开来，工作的时候，人最好只有理性，没有情感；更为苛刻的要求是对工作要充满热情，但不能有任何别的情绪。但事实是，情绪问题从来就没有真正从组织中消失。而且，由于组织有意无意地压抑或回避这个问题，没有为其提供正常的渠道，使得不满情绪一旦暴露就具有很大的破坏力。那些隐藏着的负面情绪并不会消失，而是悄悄地、慢慢地侵蚀着组织的肌体。背后的发牢骚、说怪话、传谣言、暗中挖墙脚、使绊子等就成了这种"能量"发泄的另外一些方式。凡是在背后进行的东西，往往会在主观上被夸大，从而使误解丛生，相互间的信任感就会被破坏。最终使组织的凝聚力、士气和共有价值观遭到削弱和破坏。

因此，应该允许员工通过正常途径发泄不满，并尽可能地了解实情，解决积弊，这样才能使员工以更大的热情投入到工作中。

原典

山将崩者，下先隳；国将衰者，民先弊；根枯枝朽，民困国残。

张氏注曰

自古及今，生齿富庶，人民康乐；而国衰者，未之有也。长城之役兴，而秦国残矣！汴渠之役兴，而隋国残矣！

王氏点评

山将崩倒，根不坚固；国将衰败，民必先弊，国随以亡。树荣枝茂，其根必深。民安家业，其国必正。土浅根烂，枝叶必枯。民役频繁，百姓生怨。种养失时，经营失利，不问收与不收，威势相逼征；要似如此行，必损百姓，定有雕残之患。

译文

高山将要崩塌的时候，下面的基石首先会毁掉；一个国家走向衰败的时候，最基层的人民首先会陷入水深火热之中；树根枯死了，树枝自然也就会很快腐朽；人民陷入困境，国家也难以保全。

■ 黄石公智慧

民为国之本，人民安居乐业就是国家存在的基石。可惜很多人看不到这个层面，他们往往尊贵其头面，轻慢其手足，正如那些昏君尊贵其权势，轻漫其臣民一样。鉴于此，才有"得人心者得天下"的古训。

用山陵崩塌是因根基毁坏进一步来晓谕国家衰亡是因民生凋敝的道理，直观又明了。秦、隋王朝之所以被推翻，皆因筑长城、开运河榨尽了全国的民力、财力。鉴古知今，只有人民生活富裕，康乐安居，国家才能繁荣富强。

当年，杨广为了夺得皇位曾经装出一副仁孝恭俭的假象，可一朝天下在握，他便原形毕露。猎奇斗艳的苑囿，富丽华贵的宫室，羽仪千里的巡游，轻歌曼舞的女乐，穷奢侈的酒宴，陪伴着他醉生梦死。

杨广生性好动，享乐游玩的兴趣要经常变换。大业元年（公元605年）八月，即登基的第一年，他就坐船去游江都，第二年四月才回到洛阳。大业三年又北巡榆林，至突厥启民可汗帐。大业四年，又到五原，出长城巡行到塞外。大业五年，西行到张掖，接见许多西域的使者。大业六年，再游江都。

大业十一年，他又北巡长城，被突厥始毕可汗围困于雁门。解围回来的第二年，三游江都。直至隋朝灭亡，他几乎马不停蹄地到处巡游，在京城的时间，总计还不足一年。

杨广不仅出巡频繁，而且每次出巡的气派也大得惊人。第一次游江都，共造大小船只几千艘。他乘坐的叫龙舟，高45尺，宽50尺，长200尺。船有四层，上层有正殿和东西朝堂。中间二层有120间房，都是以金玉为饰，雕刻奇丽，最下层为内侍宦官所居。皇后乘的叫翔螭舟，比龙舟稍小但装饰是一样的。嫔妃乘的是浮景舟，共有9艘，上下三层。贵人、美人和十六院夫人所乘的是漾彩舟，共有36艘。还有随行船只数千艘。一路上舳舻相接200余里，骑兵沿运河两岸而行，说不尽的气派和豪华。

庞大的游玩队伍，一路上还得要吃要喝。为了满足他们的口福，两岸的百姓就遭了殃。杨广下令，沿途500里以内的百姓，都得为他献上珍贵的食品。那些州县的官员，就逼着百姓办好酒席给他送去。有些地方的官员，向杨广献上了精美的食品，而有的地方献不上好吃好喝的，杨广便"赏罚"分明，献食精美的官员升了职，献食不合他意的官员则被降职处分，并调到粮食精美的官员身边，要他们学习"经验"。如此一来，郡县的官吏就争着向他供奉精美食品，致使百姓苦不堪言。一次献食，就会夺去很多百姓维持一年生计的口粮。有的州县一送就是数百桌，不要说杨广吃不了，就连他的宫妃、太监、王公大臣们一起吃，也吃不完。吃不完的，挖个坑一埋了之。百姓们为了献食，很多人被弄得倾家荡产。

杨广在游玩北境时，又征发百姓100多万人修建长城。连年的大规模巡游，给百姓带来了沉重的劳役和难以承受的赋税。

正因为上述种种暴行，才引发了后来大规模的农民起义运动，隋王朝在历史仅仅是昙花一现，顷刻间便灰飞烟灭了。

当权者或者管理者们都应该记住这个教训：民以食为天，国以民为本。越是底层的人就越应该对他们关心和爱护，否则，就很可能会自取灭亡。

原典

与覆车同轨者倾，与亡国同事者灭。

张氏注曰

汉武欲为秦皇之事，几至于倾；而能有终者，末年哀痛自悔也。桀纣以女色而亡，而幽王之褒姒同之。汉以阉宦亡，而唐之中尉同之。

王氏点评

前车倾倒，后车改辙；若不择路而行，亦有倾覆之患。如吴王夫差宠西施，子胥谏不听，自刎于姑苏台下。子胥死后，越王兴兵破了吴国，自平吴之后，迷于声色，不治国事；范蠡归湖，文种见杀。越国无贤，却被齐国所灭。与覆车同往，与亡国同事，必有倾覆之患。

译文

跟着将要翻倒的车行进，自己肯定也会翻车；与亡国的人共事，自己难免也会步其后尘。

黄石公智慧

这一道理虽然浅显，可还是有人屡犯不改。汉武帝不记取秦始皇因求仙而死于途中的教训，几乎使国家遭殃，幸亏他在晚年有所悔悟；唐昭宗不以汉末宦官专权为鉴，同样导致了唐王朝的灭亡和五代十国的混乱局面。

因此，跟着失败的人走，自己难免失败；向成功的人靠拢，自己才会逐步取得成功。所以一定要学会与比自己更成功的人合作，他们能带给你的，除了有形的帮助外，更有一些无形的影响力。

走向成功或已经成功的人，他们不仅有运气，也很努力，受教育的程度也比较高，因此他们有头脑、有主见，对事物有自己的看法和判断。知道什么对自己有利、什么对自己无利，自己应该维护什么、抵制什么。对自己的根本利益，他们会坚决捍卫。这种人对事物拿得起放得下，而且他们也会主动地让些利益给别人。

由于他们有资本，有见识，跟他们合作，能帮的忙他们也会乐于帮。而且由于他们的能力相对较大，所以他们出一点力，就能给你派上大用场。在双方有共同利益时，他们的心理也比较明快，让你能感到他们的睿智和可爱。他们也会使用心智和谋略，而且还很出奇，很值得我们学习。

正是因为成功人士的能力较强，社交圈子大，所以他们的人际关系也是一种资源。因此，通过与他们的合作，还可巧妙地借用他们的人际关系，这也是一笔巨大的财富，而且其作用不仅仅是财富能涵盖的。

总之，与成功的人合作，已经成了很多人走向成功的秘密武器。

原典

见已生者，慎将生；恶其迹者，须避之。

张氏注曰

已失者，见而去之也；将失者，慎而消之也。恶其迹者，急履而恶錾，不若废履而无行。妄动而恶知，不若绌动而无为。

王氏点评

圣德明君,贤能之相,治国有道,天下安宁。昏乱之主,不修王道,便可寻思平日所行之事,善恶诚恐败了家国,速即宜先慎避。

译文

见到已发生的事情,应警惕即将发生类似的事情;预见险恶的人事,应事先回避。

黄石公智慧

人的一生总要遇到很多事情,没有人知道在自己的人生道路上会发生什么,如果自己不为自己预见一下未来,没有人会提醒你。也就是说,一定要有居安思危的思想,才能防患于未然。

一只野狼卧在草地上勤奋地磨牙,狐狸看到了,就对它说:"天气这么好,我们大家都在休息娱乐,你也加入我们吧!"野狼没有说话,继续磨牙,不一会就把牙齿磨得又尖又利。

狐狸奇怪地问道:"森林这么静,猎人和猎狗已经回家了,老虎也不在这里,没有任何危险,你何必这么用劲磨牙呢?"野狼停下来回答说:"我磨牙并不是为了娱乐,你想想,如果有一天我被猎人或老虎追逐,我想磨牙也来不及了,而平时我就把牙磨好,到那时就可以保护自己了。"

《左传·襄公》中曰:"居安思危,思则有备,有备无患。""居安思危"这句成语包含着丰富的哲理,成为中国几千年来从政者的警句和座右铭。

晚唐诗人杜荀鹤写过一首《泾溪》:"泾溪石险人兢慎,终岁不闻倾覆人。却是平流无石处,时时闻说有沉沦。"诗的语言通俗浅显,但揭示的道理却朴素而深刻。船到险处,船家生怕出了差错,谨慎防范,所以都能平安渡险。相反，到了"平流无石处"，人们思想麻痹了，以为可以稳坐"钓鱼船"了，结果却常常发生船翻人亡的事故。

历史上还有一个很著名的"居安思危"的故事。话说项梁从吴中起义，然后率领八千人渡江向西，加入消灭暴秦的行列。这时候，他听说有个叫陈婴的人已经占领了东阳县，就派人前去联络，想要和陈婴一起联兵西进。

陈婴本是东阳县的一个小官吏，由于忠信恭谨，所以一直深受县民爱戴。后遇天下大乱，东阳县里的一些年轻人自发地组织起来，杀死了县令。但苦于找不到合适的首领，便请陈婴来领导。陈婴推辞不过，只好勉为其难。后来，众人又想推举陈婴为王。

陈婴的母亲是位有学问的妇女，对人生祸福有不少经验，她听说众人要选陈婴为王，十分反对。她对陈婴说："我们陈家虽是县里的望族，但从无做高官的人，现在一下子做什么王，名声太大了，容易招来祸害。况且，现在时局动乱，形势未明，出来称王，祸害比平时更大。不如另选人来做王，你当助手。成功了，你能得到封赏；不成功，人家也不会把你当头儿抓。"

听了母亲的分析后，陈婴思量再三，觉得还是不为王的好。于是他就对众人说："我原本是个小官，威望不足以服众人。现在项梁在江东起事，引兵西渡，并派人来要和我们联合抗秦。项梁的祖世就为楚将，名声显赫，我们想成就一番事业，就得依靠像项梁这样的人。"

于是，陈婴带领两万多起义军投奔了项梁。

陈婴也是一名猛将，但他并没有不明不白地死于政治阴谋，这完全得益于母亲的那番话。母亲知道陈婴的性格不适合与各路枭雄争逐天下，如果不适合还要硬当王，丢掉性命的可能性极大，因此不如依附在强者的势力之下，进可享受爵位，退可隐姓埋名，保有性命。从这个角度看来，陈婴的母亲是相当务实的。而陈婴也能听从母亲的警告,居安而思危,实乃大幸。

唐代忠臣魏征在《谏太宗十思疏》中提到过这样一句话:"居安思危,戒奢以俭。"翻开中华历史长河的画卷,不难发现一个规律:太平盛世过后往往是战乱连年。而造成这种现象的一个重要原因就是当权者养尊处优而没做到居安思危。

唐王李存勖替其父李克用报仇,诛杀梁王之后,自以为天下太平,便安于享乐,宠信伶人,直至兵临城下,才落荒而逃,最后中流矢而死,而其嫡亲也无一幸免。如果他当时能够顾全大局,意识到敌人终有一日也会来报仇而防患于未然,那么也不至于落到国破人亡的地步。而汉高祖刘邦打败西楚霸王项羽后,尽管如愿以偿当上了皇帝,但他深知要收拾这乱世的局面实属不易,要保持人民安乐的境况更是难上加难。于是他采取了"休养生息"的政策,在很大程度上缓和了阶级矛盾,人民生活渐渐安定,生产力也有了一定提高。同时他担心边境受到外族侵扰,又派人去和匈奴和亲。可以说,正是凭借这一系列举措才为汉王朝初期的发展建立了一个相对稳定的环境。

洪水未到先筑堤,豺狼未来先磨刀。做事应该未雨绸缪,居安思危,这样在危险突然降临时,才不至于手忙脚乱。

原典

畏危者安,畏亡者存。

王氏点评

得宠思辱,必无伤身之患;居安虑危,岂有累己之灾。恐家国危亡,重用忠良之士;疏远邪恶之徒,正法治乱,其国必存。

译文

害怕危险，常能得安全；害怕灭亡，反而能生存。

■ 黄石公智慧

　　时刻感觉到危险的存在，才能小心谨慎，如履薄冰，而这样做恰恰是最安全的。正如《易经》中所云："安而不忘危，存而不忘亡，治而不忘乱，是以身安而国家可保也。"任何盲目大胆、轻率冒失的行为，都是应当尽力禁戒的。这个道理，古往今来的智者，都参悟得极为透彻。

　　唐朝郭子仪因平定安史之乱而立下大功，爵封汾阳王，王府建在首都长安的亲仁里。汾阳王府自落成后，每天都是府门大开，任凭人们自由进进出出，而郭子仪不允许其府中的人对此予以干涉。

　　有一天，郭子仪帐下的一名将官要调到外地任职，来王府辞行。他知道郭子仪府中百无禁忌，就一直走进了内宅。恰巧，他看见郭子仪的夫人和他的爱女正在梳妆打扮，而王爷郭子仪正在一旁侍奉她们，她们一会儿要王爷递毛巾，一会儿要他去端水，使唤王爷就好像奴仆一样。这位将官当时不敢讥笑郭子仪，回家后，却禁不住讲给了他的家人听，于是一传十，十传百，没几天，整个京城的人都把这件事当成笑话来谈论。郭子仪听了倒没有什么，他的几个儿子听了却觉得大丢面子，他们决定对父亲提出建议。

　　他们相约一齐来找父亲，要他下令，像别的王府一样，关起大门，不让闲杂人等出入。郭子仪听了哈哈一笑，几个儿子哭着跪下来求他，一个儿子说："父王您功业显赫，普天下的人都尊敬您，可是您自己却不尊重自己，不管什么人，您都让他们随意进入内宅。孩儿们认为，即使商朝的贤相伊尹、汉朝的大将霍光也无法做到您这样。"

　　郭子仪听了这些话，收敛了笑容，对他的儿子们语重心长地说：

"我敞开府门,任人进出,不是为了追求浮名虚誉,而是为了自保,为了保全我们全家人的性命。"

儿子们感到十分惊讶,忙问其中的道理。

郭子仪叹了一口气,说道:"你们光看到郭家显赫的声势,而没有看到这声势有丧失的危险。我爵封汾阳王,往前走,再没有更大的富贵可求了。月盈而蚀,盛极而衰,这是必然的道理。所以,人们常说要急流勇退。可是眼下朝廷尚要用我,怎肯让我归隐;再说,即使归隐,也找不到一块能够容纳我郭府一千余口人的隐居地呀。可以说,我现在是进不得也退不得。在这种情况下,如果我们紧闭大门,不与外面来往,只要有一个人与我郭家结下仇怨,诬陷我们对朝廷怀有二心,就必然会有专门落井下石、妨害贤能的小人从中添油加醋,制造冤案,那时,我们郭家的九族老小就都要死无葬身之地了。"

郭子仪之所以让府门敞开,是因为他深知官场的险恶,正因为他具有很高的政治眼光又有一定的德性修养,善于应对各种复杂的政治环境,因此即使在功勋卓著的日子,他也时时做好了准备,应付那些藏在暗处却随时可能发生的危险。这种谨慎行事的人生智慧,任何人学会,都不是多余的。

▬ 原典

夫人之所行,有道则吉,无道则凶。吉者,百福所归;凶者,百祸所攻;非其神圣,自然所钟。

张氏注曰

有道者,非己求福,而福自归之;无道者,畏祸愈甚,而祸愈攻之。岂有神圣为之主宰？乃自然之理也。

王氏点评

行善者，无行于己；为恶者，必伤其身。正心修身，诚信养德，谓之有道，万事吉昌。心无善政，身行其恶；不近忠良，亲谗喜佞，谓之无道，必有凶危之患。为善从政，自然吉庆；为非行恶，必有危亡。祸福无门，人自所召；非为神圣所降，皆在人之善恶。

译文

一个人的行为只要合乎道义，就会吉祥喜庆，否则凶险莫测。有道德的人，无心求福，福报自来；多行不义的人，有心避祸，祸从天降。只要所作所为上合天道，下合人道，自然百福眷顾，吉祥长随。

黄石公智慧

常言道，君子爱财，取之有道，就是说要依靠自己的胆识、能力、智慧和勤勉去心安理得地赚钱，而不要存一份发横财的心思靠旁门左道去钻营和诈取。真正做出大成就的成功的商人都知道，商事运作是最要讲信义、信誉、信用，最要讲诚实、敬业、勤勉的，一句话，就是要"有所为有所不为"。

"红顶商人"胡雪岩一生精于生财之道。他非常注重"做"招牌、"做"面子、"做"信用；广罗人才，经营靠山；施财扬名，广结人缘。这些措施，就是他的生财之道，而且也确实行之有效。比如他在创办自己的药店"胡庆余堂"之初，便策划了几条措施：三伏酷热之时向路人散丹施药以助解暑，丹药免费但丹药小包装上都必须印上"胡庆余堂"四个字；正值朝廷花大力气镇压太平天国之际，"胡庆余堂"开发并炮制大量避疫祛疠和治疗刀伤剑创的膏丹丸散，廉价供应朝廷军队使用，等等。用现代经营眼光来看，这些措施具有极好的扩大声誉、树立企业形象、提高企业知名度、开拓商品市场、建立商事信用的作用。

正是依靠着这些措施，"胡庆余堂"才能从开办之初就站稳了脚步，并很快成为立足江浙、辐射全国的一流药店，且历时数十年而不衰，而由"胡庆余堂"建立起来的胡雪岩的声望、影响所形成的潜在效益，对胡雪岩的其他生意，如钱庄、丝茶、当铺等的经营，也起到了极好的宣传推广的作用。

胡雪岩的时代离今天已经一百多年了，时移世易，今天的商界自然也不再是那时的商界。然而，为商之道，古今相通者甚多，胡雪岩的经商原则，应该是能给今日商界中人提供一些借鉴的。

胡雪岩曾对自己的得力助手古应春说过这样一句话："做生意还是从正路上去走最好。"胡雪岩所说的正路，有一层意思是说，要按正常的方式、正当的渠道而不要用"歪"招、怪招。另一层意思是说，做生意不能违背大原则。什么钱能赚，什么钱不能赚，更要分得清楚，不能只顾赚钱而不顾道义。

比如胡雪岩做生意并不怕冒险，他曾说过："不冒险的生意人人会做，如何能够出头？"有的时候他甚至主张，商人求利，刀头上的血也要敢舔。但他同时也强调，生意人不论怎样冒着风险去刀头舔血，都必须想停当了再去做。有的血可以去舔，有些就不能去舔。有一次他给自己的钱庄档手刘庆生打了一个比方：譬如一笔放款，我知道放款给他的这个人是个米商，借了钱去做生意。这时就要弄弄清楚，他的米是运到什么地方去。到不曾失守的地方去，我可以借给他，但如果是运到"太平军"那里，这笔生意就不能做。我可以帮助朝廷，但不能帮助"太平军"。胡雪岩认为，他是大清的臣民，通过帮助朝廷而赚钱，自然是从正路赚钱，太平军是"逆贼"，帮助他们就是"附逆"，由此去赚钱，自然不是从正路赚钱，违背了这一大原则，即使获利再大，也不能做。

撇开胡雪岩以大清臣民自居而鄙视太平军这一点不论，仅从做生意的角度看，胡雪岩的说法和做法，应该是很能给人以启示的。事实上，做生意不能违背大原则，要牢牢把握一个正路，即使仅从商人求利的角度看，也是完全必要的。做生意从正路去走，往往可以名利双收，即便一笔生意失败了，也有东山再起的希望。而违背道义，不走正路，必将遭人唾弃，一旦失败往往一败涂地，名利两失，不可收拾。如果一定要去做遭人唾弃、名利两失的事情，那就实在是愚不可及了。

从某种意义上说，商道其实也就是人道。经商之道，首先是做人、待人之道。一跤跌进钱眼里，心中只有钱而没有人，为了钱坑蒙拐骗，伤天害理，便是奸商。奸商与奸诈无耻等值，这种人钱再多，也会为人们所不齿。作为一名优秀的企业家，做生意时一定要谨记"君子爱财，取之有道""有所为，有所不为"。

原典

务善策者无恶事；无远虑者有近忧。

王氏点评

行善从政，必无恶事所侵；远虑深谋，岂有忧心之患。为善之人，肯行公正，不遭凶险之患。凡百事务思虑、远行，无恶亲近于身。

译文

时刻想着行善助人，此生必无厄运缠身；做事前深谋远虑，以此处世必无忧患。

■ 黄石公智慧

　　人生在世，立身为本，处世为用。立身要以仁德为根基，处事要以谋为手段。以仁德为出发点，同时又善于运用权谋，有了机遇，可保成功；如若时运不至，亦可谋身自保，不至于有什么险恶的事发生。只图眼前利益，没有长远谋虑的人，就连眼前的忧患也无法避免。俗语云："人无远虑，必有近忧；但行好事，莫问前程。"说的也正是这个道理。

　　北宋的张咏任崇阳县知县的时候，当地的居民都以种植茶树为生。张咏知道后说："种植茶叶的利润丰厚，官府将来一定会对茶叶进行垄断，我们还是尽早改种其他植物为好。"然后他下令全县拔除茶树而改种桑养蚕，这一举动致使百姓们怨声载道。

　　后来，果不出张咏任料，国家开始对茶叶进行了垄断，邻近县城的农民因为一直在种茶树而全都丢了饭碗，而崇阳县种桑养蚕的大环境已经形成，每年出产的丝绸有几百万匹之多。当地的百姓们这才明白张咏的苦心，修建了祠堂来纪念他。

　　一个取得成功的人，必须拥有长远的眼光。唯有如此，才能不被眼前的繁荣所迷惑，才能看到隐藏在繁荣背后的危险。否则，如果一味陶醉在目前的成功之中，就有可能被潜伏的危险击倒，导致原有的成就化为乌有。张咏正是凭借他的深谋远虑，才透过种植茶树表面的繁荣看到了其不利的因素，从而帮助崇阳的百姓躲开了可能降临的灾祸。

　　总之，一个人思考问题，处理事情，不但要顾及到眼前，并且还要考虑到长远。只有这样，才能安排协调好方方面面的关系，才不致出现各种意想不到的困扰。否则冒冒失失，顾头不顾尾，说不定忧患就会一夜之间来到你的面前。做任何一件事情，没有一个长远和近期的通盘性考虑是不行的。

原典

同志相得，同仁相忧。

张氏注曰

舜有八元、八凯。汤则伊尹。孔子则颜回是也。文王之闳、散，微子之父师、少师，周旦之召公，管仲之鲍叔也。

王氏点评

心意契合，然与共谋；志气相同，方能成名立事。如刘先主与关羽、张飞，心契相同，拒吴、敌魏，有定天下之心；汉灭三分，后为蜀川之主。君子未进贤相怀忧，谗佞当权，忠臣死谏。如卫灵公失政，其国昏乱，不纳蘧伯玉苦谏，听信弥子瑕谗言，伯玉退隐闲居。子瑕得宠于朝上大夫，史鱼见子瑕谗佞而不能退，知伯玉忠良而不能进。君不从其谏，事不行其政，气病归家，遗子有言："吾死之后，可将尸于偏舍，灵公若至，必问其故，你可拜奏其言。"灵公果至，问何故停尸于此？其子奏曰："先人遗言：见贤而不能进，如谗而不能退，何为人臣？生不能正其君，死不成其丧礼！"灵公闻言悔省，退子瑕，而用伯玉。此是同仁相忧，举善荐贤，匡君正国之道。

译文

志同而又道合的人，会互相促进并有所裨益；都有仁爱之心的人，就会为对方分忧解难。

■ 黄石公智慧

世上的问题多起于争。文人争名,商人争利,勇士争功,艺人争能,强者争胜。争并不是坏事,能促使人向上,促进事业的发展。但争要合乎规矩,不能采取不正当的手段,干损人利己的事。

很多人认为,生活就是一场争斗,事实上,这种看法是片面和不足的。真正有眼光、办大事的人,从来不会把心思才干浪费在斤斤计较上,更不会本末倒置地去与人相争,他们让对方折服的是胸怀和风度。

公元前283年,蔺相如完璧归赵之后,接着又在渑池会上巧妙地跟秦王争斗,维护了赵国的尊严。赵惠文王感其功劳,提拔他做了上卿,地位在老将军廉颇之上。

这样一来,廉颇可恼火了,他对人说:"我在赵国做了多年的大将,战功赫赫,蔺相如只不过是个出身低下的人,只因为巧舌如簧便位列在我之上,这让我如何咽得下这口气?"他还扬言说:"我要是遇上蔺相如,一定要羞辱他一番。"

蔺相如听说廉颇这些话后,便开始处处躲避廉颇,尽量避免与他见面。接下来的好长一段时间,每天上早朝时,蔺相如都称病告假,躲在家里不去与廉颇争位次。有一次,蔺相如乘车外出,碰巧遇上廉颇,就连忙驾着车子躲开了。蔺相如身边的人看到这种情形都很生气,认为蔺相如太软弱了。有一些在他身边任职的人也感到羞惭,甚至都说要离开他。

蔺相如向他们解释说:"你们想想看,秦王那样威严,我却敢在秦国的朝廷上当众斥责他,所以我并不是一个软弱的人,也不是惧怕廉颇将军。我是在想,强暴的秦国之所以不敢侵犯我们赵国,是因为我们的文臣武将能同心协力的缘故。我与廉颇将军好比是两只老虎,两虎相争,结果必然不能共存。我之所以采取忍让的态度,是因为先考虑到国家的安危，所以才不能与他结下私怨呀！"

不久，这些话传到了廉颇那里。这位老将军对照自己的言行，既悔恨又惭愧，于是，为了表示自己认错改过的诚意，他脱掉上衣，背上背着荆条来到蔺相如家里向他请罪。一见蔺相如，老将军就恳切地说："鄙贱之人，不知将军宽之至此也。"

从此，蔺相如和廉颇这一相一将，情谊更加深厚，终于结成了生死与共的朋友，通力合作，共同守护赵国。

从这个故事中我们可以看出，廉颇开始的"争"，是因为他对蔺相如并不了解；同时，他这种"争"也是光明正大、讲究风度的。而蔺相如则以更为博大的胸襟和高风亮节把廉颇征服了，从而把他"争取"过来。他们这种君子之间的"争"与"和"，成为了千古流传的佳话。

■ 原典

同恶相党，同爱相求。

张氏注曰

商纣之臣亿万，盗跖之徒九千是也。爱利，则聚敛之臣求之；爱武，则谈兵之士求之；爱勇，则乐伤之士求之；爱仙，则方术之士求之；爱符瑞，则矫诬之士求之。凡有爱者，皆情之偏、性之蔽也。

王氏点评

如汉献帝昏懦，十常侍弄权，闭塞上下，以奸邪为心腹，用凶恶为朋党。不用贤臣，谋害良相；天下凶荒，英雄并起。曹操奸雄董卓谋乱，后终败亡。此是同恶为党，昏乱家国，丧亡天下。如燕王好贤，筑黄金台，招聚英豪，用乐毅保全其国；隋炀帝爱色，建摘星楼宠萧妃，而丧其身。上有所好，下必从之；信用忠良，国必有治；亲近谗佞，败国亡身。此是同爱相求，行善为恶，成败必然之道。

译文

阴谋不轨的小人因为臭味相投，一般都会勾结在一起；有相同爱好的人，自然会互相访求。

黄石公智慧

所谓"同恶相党"，说的是上有不务正业的皇帝，下面必有用心险恶的奸臣一唱一和、为非作歹。此类恶徒历史上比比皆是，比如晋惠帝爱财，身边的宦官全是一帮巧取豪夺的贪官污吏；比如秦武王好武，大力士任鄙、孟贲个个加官晋爵……大凡有所痴爱的人，惺惺相惜的人，性情一般来说都比较偏激怪诞，这种人往往会狼狈为奸，误入歧途而不返。历史上最著名的因"同恶相党"而未得善终的君臣二人当属胡亥和赵高。

沙丘矫诏阴谋得逞之后，赵高和胡亥更加紧密地勾结在一起，胡亥对赵高也愈加信任。由此，赵高便成了秦朝中央统治集团中最有实力的决策者，秦朝的政治统治也变得更加黑暗和残酷。

胡亥即位时正值青年时期，加之个性散漫，无心理政，因此一心沉湎酒色、贪图享乐。而赵高自然也乐于皇帝怠政，因为这样才更有利于自己大权在握。不过，赵高也明白，由于胡亥是通过沙丘政变才得以即位的，诸公子及大臣心中不服，所以胡亥随时有被推翻的危险。

同时赵高也清楚自己出身卑微，现在虽有了二世做靠山，恐怕众大臣及诸公子也不服，很可能会加害自己。所以，他决定借助二世皇帝之手诛杀异己。赵高劝奏二世诛除大臣，上以振威天下，下以除去异己仇人，秦二世也觉得自己继位名不正，言不顺，大臣不服，官吏不从，几位兄弟还有争夺皇位之危险。因此，臭味相投的二人一拍即合，开始大开杀戒。

为了验证一下自己在朝中的权势，赵高"导演"了一幕"指鹿为马"的闹剧。

公元前209年，赵高趁群臣朝贺之机，命人牵来一头鹿献给二世，嘴里却说："我把一匹好马献给陛下玩赏。"

胡亥一看，失声笑道："丞相说错了，这是鹿，不是马。"赵高问左右的人道："大家看，这是鹿，还是马？"

围观的人，有的慑于赵高的淫威，缄默不语，有的弄不清赵高这葫芦里卖的什么药，便说了真话，而那些拍惯了赵高马屁的人则硬说是马。胡亥见众说不一，以为是自己害了什么病，因而把话说错了，便命大臣去算卦。在赵高的授意下，算卦的人说："因为陛下祭祀时没有斋戒沐浴，才出现了这种认马为鹿的现象。"胡亥信以为真。便按赵高的意图，打着斋戒的幌子，躲进了上林苑。

有一天，有个人从上林苑经过，胡亥立即拈弓搭箭，将此人射死。赵高知道此事后，便令阎乐去奏明二世道："不知是谁杀了一个人，却把尸体移到上林苑来了。"然后，他又自己出面，假意劝告胡亥道："皇帝无缘无故地杀死一个没罪的人，上天和鬼神都会生气，一定要降灾，陛下还是趁早离开上林苑！"就这样，赵高把胡亥安排到离咸阳县东南八里的望夷宫去了。二世走后，赵高立即张开了魔爪，把之前在朝堂上说真话的大臣统统杀掉了。

如此一来，朝野上下，人人缄口，个个开始看赵高眼色行事，任他为所欲为。然而，这时关外早已烽火连天，农民起义的熊熊烈火，燃遍了关东大地；陈胜、吴广揭竿而起，在不到半年的时间里，秦军屡屡战败，起义军从淮河流域起而横扫黄河南北，摇撼着秦室的根基。

以项羽、刘邦为领导的反秦义军，更是所向披靡，在巨鹿一战中，秦军被打得落花流水，精锐丧失殆尽，大将王离被虏。被打得溃不成军的章邯，急急派人向朝廷请示军事，而专权的赵高却不予接见，想把一切罪责转嫁于他。章邯心里十分明白：要是打了败仗，赵高会不分青红皂白地处斩他；要是打了胜仗，赵高也会嫉妒他的功劳而陷害他。与其将来被赵高处斩，不如与诸侯一道举起反秦的义旗来。

章邯的倒戈，无疑又给了摇摇欲坠的秦王朝以沉重的打击。此时的赵高既想苟延残喘，又想火中取栗。他一面派人暗中与刘邦联系，要同起义军讲和，求吴中之地自立为王；一面又对秦二世采取断然措施。

经过一番谋划，除掉二世后的赵高欣喜若狂，匆匆摘下玉玺佩在身上，大步走上殿去，准备宣布登基。但是"左右百官莫许"，以无声的反抗粉碎了赵高的皇帝梦。他顿时不知所措，头脑发晕，只觉得天旋地转，这时，他才感到自己的罪恶阴谋，达到了"天弗与、群臣莫许"的程度，只得无可奈何地取消了称帝的打算，转而立扶苏之子子婴为王，结束了这场逼宫篡位的丑剧。

被赵高推上王位的子婴，心里十分明白赵高的险恶用心，于是，他同自己的两个儿子和贴身太监商定了铲除赵高的计划。

赵高要求子婴斋戒五日后正式即王位，等到斋戒沐浴的期限到了，赵高便派人去请子婴接受王印，正式登基。可是，子婴推说有病，不肯前往。一连几次，子婴都是如此应付。

不得已，赵高决定亲自去请子婴来举行入庙告祖仪式。自沙丘政变以来，万事顺心应手，赵高有点飘飘然，根本没有把子婴放在眼里，所以并没有多想就径直奔向子婴的府第。等赵高一到，子婴及他的两个儿子就带着亲信一拥而上，将赵高杀死了。

杀死了赵高以后，子婴在他的两个儿子及随侍宦官、卫兵的拥护下来到了宗庙，举行了告祖仪式，正式即秦王位。子婴即位后，首先下令逮捕赵高的三族，全部予以处死。

赵高和胡亥本是一丘之貉，正是因为"同恶相党"而加速了他们的灭亡。这给我们现实生活带来的启示是：心中一旦有恶念升起，一定要极力克制，同时远离恶人。如若不然，和恶人们在一起，他们会很快把你的想法变成现实，结出恶果。真到那时，后悔也已经晚了。

原典

同美相妒。

张氏注曰

女则武后、韦庶人、萧良娣是也。男则赵高、李斯是也。

译文

两个美人在一起难免会产生嫉妒。

黄石公智慧

如同欢乐、悲伤、愤怒等情绪一样，嫉妒也是人人都有的一种心理情绪，差别只在于程度上的轻重与否。不过，无论从哪个角度来说，嫉妒心理都是一种不健康的心理，不管形式与内容怎样，它的存在都有害于正常的人际交往和健康的社会生活。

然而在现实生活中，嫉妒之心却是时时处处都存在的，我们会在不知不觉地被别人嫉妒，而我们自己也会因为种种原因对别人产生嫉妒。而且相对于男人来说，女人更容易产生嫉妒心理。这话看似有些偏激，但绝非空穴来风，女人之间的确很容易因为一些事情而使嫉妒产生。

　　爱美是女人的天性,这也就使得女人天生对美有着很强烈的执著。因此,女人最容易引起同性嫉妒的地方就是外在的美貌。也许你的女同事可以容忍你的职位比她高,薪水比她高,能力比她强,但却很难容忍你比她长的漂亮。

　　晓羽第一天上班,与同事们接触的时候处处都显得十分小心,因为在这之前,有人曾经告诫过她,办公室的生活是非常复杂的。为了能够给同事留下好印象,她特意精心打扮了一番,化了淡淡的妆,又穿了一条新买的连衣裙,高高兴兴地去上班了。

　　晓羽本来就天生丽质,精心打扮了之后显得更加美丽动人了。晓羽以为自己一定可以给同事和上司留下好印象,并很快融入新的工作生活中。可是让她没想到的是,她的办公室生涯展开得很不顺利。女同事们全都对她敬而远之,有的还在背后小声议论她,对她指指点点。晓羽不明白自己做错了什么,心里有些茫然,难道自己真的很让人讨厌吗?

　　晓羽想弄明白这是怎么回事儿,于是便找机会跟每一位女同事搭话儿,但女同事们却对她不理不睬。不过有一个女同事的话似乎让晓羽明白了自己为什么会受到冷遇。那个女同事挖苦地说:"第一天上班就打扮得这么漂亮?不过这在我们公司没什么用,工作是要靠能力的,不要以为打扮得漂亮点就能引起老板的注意。"晓羽觉得很委屈,因为她从来没有这样想过。

　　事实上,虽然女性很容易对同性的美产生嫉妒,但她们更渴望得到对方的赞美。因此,女士们在面对同事嫉妒你的"美"的时候,不妨忍痛割爱,将自己的美"分出"一部分给对方。这样一来,一定可以获得同事的好感,从而拉近与她们的距离。

　　作为女人,如果你非常优秀而出众,那么你一定会明显地感受到来自于周遭同性的强烈嫉妒。而且她们嫉妒的范围很广，包括你的职位、工作能力、上司对你的赏识、你的外貌、衣着乃至你的家庭状况。虽然嫉妒并不会给你带来直接的危害，却会为你埋下失利的种子。因此，当女士们在办公室遇到同性的嫉妒时，不要立即还击或是置之不理，而应当巧妙地应对，将她们变成你的朋友。

原典

同智相谋。

张氏注曰

刘备、曹操、翟让、李密是也。

译文

同样智谋卓绝的人，一定会先一比高下，进而互相残杀。

黄石公智慧

老子认为，有智慧的人应该具备一种"大成若缺""大盈若冲""大直若屈""大巧若拙""大辩若讷"的内敛功夫，只有这样才能够在为人处世上游刃有余，置危险于身外。如果太过招摇，难免会让别人因妒生恨，从而为自己招来灾祸，正所谓，"树大招风"。

如此看来，有才能的人不一定是幸福的人，因为才能不仅能带来荣耀，还很可能会招致灾祸。所以，才能让人羡慕，也让人嫉妒。因此，有才能的人更应懂得内敛的重要性、懂得如何去运用它，否则很可能会在这方面栽跟头。

唐代大诗人白居易才高八斗，刚直耿介。他在朝为官时，总有一些无才无德的小人找各种理由攻击他。

有一次，唐宪宗召见白居易，对他说："你诗名很大，为人忠直，不像是个奸诈之人，可为什么总有人弹劾你呢？"白居易说："皇上自有明断，我说什么也是无用的。不过依我看来，我和那帮人道不同不相为谋，一定是他们嫉恨我的才华。否则，我和他们无冤无仇，他们为什么会无端诬陷我呢？"

白居易自知难与小人为伍，却不屑掩饰锋芒，他对那些无能之辈常出口讥讽，绝不留半点情面。

有一次，朝中一位大臣作了一首小诗，奉承的人不在少数。白居易看过诗作后却哈哈一笑，说："如果这是一首好诗，那么天下人都会写诗了。"事后，白居易的一位朋友劝他说："你身处官场，不应该当众羞辱别人，那样人家只会更恨你了。"白居易却说："我最看不惯不懂装懂之人，本来我不想说，可是压抑不住啊。"

白居易自恃有才，说话办事往往少了客气，就连面对皇上时，只要他认为不对的事，也总是直言上谏，全无任何禁忌。

河东道节度使王锷为了晋升官职，大肆搜括百姓，向朝廷献上了很多财物，唐宪宗于是准备让他当宰相。朝中大臣都没有意见，唯独白居易站出来反对。唐宪宗生气地说："你是个才子，就该与众不同吗？你每次都和我唱反调，到底是何居心？"

皇上发怒了，原本就嫉恨白居易的小人便都趁势在皇上面前说他恃才傲物，目中无人。一时间，白居易的处境更加恶劣，完全被孤立了。

大臣李绛同情白居易，劝他收敛锋芒，说："一个人如果因为才高招来八方责难，他就该把自己装扮得平庸一些。你的见识虽深刻远大，但不可显示出来，你为什么总也做不到呢？这也是为官之道，不可小看。"

最后，白居易还是因为上谏惹祸，被贬出朝廷。白居易的才能人所共知，他见解高明，却不能建功，皆因他的才能过于外露，优点变成了缺点。

内敛，可以说是我们为人处世的传统方式。不以物喜，不以己悲，是一种内敛；智欲圆而行欲方，也是一种内敛；凡事不张扬，得意不忘形，富足时不骄矜，贫穷时也不谄媚，更是一种内敛。

处世，当谦虚谨慎，虚怀若谷，内敛而不张扬。古人云"君子泰而不骄，小人骄而不泰"，说的就是仪表、行为上的差异。它告诫我们，在日常的生活、工作中，要时刻注意自己的言行举止，懂得在谦虚中善学，懂得在内敛中进步，而不要不知天高地厚，摆出一副唯我独尊、锋芒毕露的骄姿傲态。

原典

同贵相害，同利相忌。

张氏注曰

势相轧也，害相刑也。

王氏点评

同居官位，其掌朝纲，心志不和，递相谋害。

译文

同样荣贵的的人，必互相暗设机关而相为谋害；同做一行生意的人，必暗中竞争而企图挤掉对方。

■ 黄石公智慧

有"同贵相害"之心的人大多心胸狭窄，为了打压别人常常不择手段，而这样的人最终也不会有好下场。

韩赵魏三家分晋之后，其中数魏国的势力最强大。魏惠王野心勃勃，开始学习秦国国君招揽天下贤才。不久之后，魏国来了一位名叫庞涓的人，声称自己是当世高人鬼谷子的学生，与苏秦、张仪、孙膑是同学。他在魏王面前大吹大擂，说只要让自己当上大将，其他国家将不足畏，鬼谷子的威名世人皆知，加上庞涓确实言辞了得，魏王便相信了他。

就这样，魏王封庞涓当了大将，他的儿子庞英，侄子庞葱、庞茅全都当了将军。兵马训练好之后，庞涓便开始带兵攻打卫、宋、鲁等国，并连打胜仗，三国齐来拜伏。东方的大国齐国派兵来攻，也被庞涓打了回去。从此魏王更加信任他了。

庞涓的同学孙膑是大军事家孙武的后代，德才兼备，是难得的人才。尤其是从老师鬼谷子那里得到了祖先孙子的十三篇兵法之后，更加智谋非凡。有一次，墨子的门生禽滑厘来拜访鬼谷子，见到孙膑，为他的才德所感动，想让他下山帮助各国国君守卫城池，减少战争。孙膑说："我的同学庞涓已下山去了，他当初说一旦有了出路，就来告诉我。"禽滑厘说："听说庞涓已在魏国做了大官，不知为什么没写信给你，你何不到魏国打听一下。"

孙膑来到魏国，见到了庞涓，又见了魏王。相谈之下，魏王看出孙膑是个难得的奇才，便想拜他做副军师，协助军师庞涓行事。庞涓内心嫉妒异常，担心孙膑抢了自己的风头。于是忙说："孙膑是我的兄长，才能又比我强，岂可在我的手下。不如先让他做个客卿，等他立了功，我再让位于他。"在当时，客卿没有实权，却比臣下的地位高，孙膑还以为庞涓对自己一片真心，所以对他十分感激。

庞涓原以为孙膑一家人都在齐国,他不会在魏国久留,于是试探着问他:"你怎么不把家里人接来同住呢?"孙膑说:"家里的人都被齐君害死了,剩下的几个也已被冲散,不知何处寻找。"庞涓一听傻了眼,如果孙膑真在魏国呆下去,自己的位置可真要让给他了。

半年以后,一个齐国人捎来孙膑的家书,大意是其兄长让他回去,齐国也想重振国威,希望孙家的人能在齐国团聚。孙膑对来人说:"我已在魏国做了客卿,不能随便就走。"并写了一封信,让他带回去交给哥哥。

孙膑的回信被魏国人搜出来交给了魏王,魏王便找来庞涓说:"孙膑想念齐国,怎么办呢?"庞涓见机会来了,就对魏王说:"孙膑是有才能之人,如果回到了齐国,对魏国十分不利。我先去劝劝他,如果他愿意留在魏国,那就罢了,如果不愿意,那就交给我来处理。"魏王答应了。

庞涓当然没有劝孙膑,而是建议他回齐国"探亲"。于是第二天,孙膑就向魏王告了两个月的假,魏王一听他要回去,就说他私通齐国,立刻把他押到庞涓那里审问,庞涓故作惊讶,先放了孙膑,再跑去向魏王求情,过了许久,才又神色慌张地跑回来说:"大王发怒,一定要杀了你,经我再三恳求,大王总算给了点面子,保住了你的性命,但必须处以黥刑和膑刑。"孙膑听了,虽非常愤怒,但觉得庞涓已为自己出力,还是十分感激他。

孙膑被在脸上刺了字又被剔去了膝盖骨,从此只能爬着走路,成了终身残废。

此后,庞涓倒是对孙膑的生活照顾得很周到,孙膑觉得不能白白让庞涓为自己付出,就主动提出要替庞涓做点事情。庞涓说:"你那祖传的十三篇兵法,能不能写下来,咱们共同琢磨,也好流传后世。"孙膑这时仍然没有看出庞涓的狼子野心,略作思考便答应了。由于孙膑只能躺在那里用刀往竹简上一个字一个字地刻，所以每天只能刻十几个字。这样一来，庞涓沉不住气了，就让手下一个小厮催孙膑快写。小厮见孙膑可怜，便不解地问服侍孙膑的人说："庞军师为什么死命地催孙先生快写兵法呢？"那人说："这还不明白。庞军师留下孙先生的一条命，就是为了让他写兵法，等写完兵法，孙先生也就没命了。"

孙膑听到了这话，大吃一惊，前后一想，恍然大悟，霎时间大叫一声，昏了过去。醒来后，孙膑捶胸披发，两眼呆滞，一会儿把东西推倒，一会儿又把写好的兵法扔到火里，还把地下的脏东西往嘴里塞。从人连忙奔告庞涓说："孙先生疯了！"

庞涓急忙来看，只见孙膑一会儿伏地大笑，一会儿又仰面大哭，庞涓叫他，他就冲庞涓一个劲地叩头，连叫："鬼谷老师救命！鬼谷老师救命！"庞涓见他神志不清，但怀疑他是装疯，就把他关在猪圈里，并暗中派人前去探测。

有一天，送饭人端来酒菜，低声对他说："我知道你蒙受了奇耻大辱，我现瞒着军师，送些酒菜来，有机会我设法救你。"说完还流下了泪水，孙膑显出一副莫名其妙的样子说："谁吃你的烂东西，我自己做的好吃多了！"一边说，一边把酒菜倒在地下，抓起一把猪粪，塞进嘴里。那人回报了庞涓，庞涓心想，孙膑受刑之后气恼不过，可能是真的疯了。从此，他只是派人监视孙膑，不再过问。

有一天夜里，有个衣着破烂的人来到孙膑身边，那人揪揪他的衣服，轻声对他说："我是禽滑厘，先生还认得我吗？"孙膑大吃一惊，经过仔细辨认，确认是禽滑厘，便泪如雨下，激动地说："我自以为早晚要死在这里，没想到今天还能见到你。"禽滑厘说："我已经把你的冤屈告诉了齐王，齐王让淳于髡来魏国访问，我们全都安排好了，你藏在淳于髡的车里离开魏国，我让人先装成你的样子在这里呆两天，等你们出了魏国，我再逃走。"

禽滑厘把孙膑的衣服脱下来，给他手下的一个相貌与孙膑相近的人穿上，躺在那里装作孙膑，然后把孙膑藏到了车上。

第二天，魏王叫庞涓护送齐国的使者淳于髡出境。过了两天，众人才发现孙膑不见了，庞涓来查找，井里河里找遍了，也未见踪影，庞涓担心魏王追问，就撒了个谎说孙膑淹死了。

孙膑到了齐国，齐威王一见之下，如获至宝，当即拜他为军师。不久之后，庞涓带兵连败宋、鲁、卫、赵等国，赵国向齐国求救，齐王派田忌为大将、孙膑为军师，使庞涓连连败北。最后，孙膑用"减灶法"引诱庞涓来追，暗设伏兵，将庞涓射死在马陵道上。魏国从此衰败，并开始向齐国进贡朝贺。

庞涓最终死于非命的下场，可以说是他自己一手造成的。如果他能够向师兄孙膑谦虚请教，互相切磋，共同进步，说不定会出现像"将相和"那样的好景况，成就事业，流传美名。可惜的是，他没能见贤思齐，而是采取了卑劣的打击手段。结果，害了别人，更害了自己。

在生活中，总有一些人会对那些跟自己一样出众或者比自己能力强的人产生嫉妒心理，又会对比自己水平差的人加以鄙视和嘲笑。真正的聪明人，总是会向比自己强的人虚心学习，以使自己尽快达到对方的水平；而见了缺点很多的人，则会对照对方来反观自己，看看自身是否也有这些缺点。有则改之，无则加勉，这才是能够切实提高自己的修养品位，获得成功发展的有效途径。

▃ 原典

同声相应，同气相感，同类相依，同义相亲，同难相济。

张氏注曰

五行、五气、五声散于万物，自然相感应。六国合纵而拒秦，诸葛通吴以敌魏。非有仁义存焉，特同难耳。

王氏点评

圣德明君，必用贤能良相；无道之主，亲近谄佞谗臣。楚平王无道，信听费无忌，家国危乱。唐太宗圣明，喜闻魏征直谏，国治民安，君臣相和，其国无危，上下同心，其邦必正。强秦恃其威勇，而吞六国；六国合兵，以拒强秦；暴魏仗其奸雄，而并吴蜀，吴蜀同谋，以敌暴魏。此是同难相济，递互相应之道。

译文

有共同语言的人，必然能相互依靠，彼此唱和；气韵相同的人，必然会相互感应，产生共鸣；境遇相同的人，必然能相互依靠，相依为命；同样讲义气的人，必能相亲相助；遭遇同样磨难的人，必然能相互救助。

黄石公智慧

古人云，"得道多助，失道寡助"，"多助之至，天下顺之；寡助之至，天下畔之"。有道德的人定会有天下，这是很简单的道理。社会上有道德的人多了，彼此之间就会多一些关心与尊重，社会自然也就和谐起来。那些为构造和谐社会做出卓越贡献的人，自然也就赢得了民心。

具体到现代社会，其实这一道理讲的就是人际关系。"物以类聚，人以群分"，意思是说，什么样的人就会和什么样的人在一起，因为他们价值观相近，所以才能走到一起，即"同声相应，同气相求"。所以性情耿直的就和投机取巧的人合不来,喜欢酒色财气的人也绝对不会跟自律甚严的人成为好友。因此,观察一个人的交友情况,大概就可以知道这个人的品性和素养了。所以说,进什么样的圈子,交什么样的朋友,对人生来说确实是个大问题。

俗话说:"近朱者赤,近墨者黑","近贤则聪,近愚则聩"。古人很重视对朋友的选择。孔子曰:"君子慎取友也。"品德高尚的人,历来受人推崇,也是人们愿意结交的对象。而品德低劣的人,虽常常被人所鄙视,当然也不排除"臭味相投"的"酒肉朋友"。

实际上,每个人不管自觉或不自觉,交朋友总是有所选择的,也总有自己的一套标准。明代学者苏竣把朋友分为"畏友、密友、昵友、贼友"四类,如此划分便可明白;畏友、密友可以知心、交心,互相帮助并患难与共,是值得深交的;那些互相吹捧、酒肉不分的昵友,口是心非,当面一套,背后一套,有利则来,无利则去;还有可能乘人之危、损人利己的贼友,那是无论如何也不能结交的。

如果马克思没有选择恩格斯这位真诚的朋友,他恐怕就不会在社会科学领域里建立起他的理论学说,也就不会有伟大的著作《资本论》的问世了。

志同道合,情趣相投,是择友的一个标准。志向不同,情趣有别,友谊不可能长久,早晚会分道扬镳。"管宁割席"的典故就是个典型例子,管宁热衷读书做学问,而华歆则热衷于官场名利,两人缺乏做朋友的共同思想基础,割席而坐是必然的结果。

孔子说:"与善人居,如入芝兰之室,久而不闻其香,即与之化矣。与不善人居,如入鲍鱼之肆,久而不闻其臭,亦与之化矣。"墨子有更形象的比喻,他把择友比作染丝,"染于苍则苍,染于黄则黄,所人者变,其色亦变。五入而已为五色,故染不可不慎也。"与高尚的人在一起,你也会感染上他的气质。

当然，水至清则无鱼，人至察则无徒。对朋友也不能求全责备。如果人人都要求结交的人比自己有学问，那么到头来只能是谁也没有朋友。正所谓"尺有所短，寸有所长"，朋友相交贵在有所补益，有所予，有所取才是"交往"。

古人的择友之道，我们可以借鉴，但不能照抄照搬，也不要为其所拘束，对友人过于苛刻。择友的标准各有不同，应该从个人实际出发，慎重选择。

原典

同道相成。

张氏注曰

汉承秦后，海内凋敝，萧何以清静涵养之。何将亡，念诸将俱喜功好动，不足以知治道。时，曹参在齐，尝治盖公、黄老之术，不务生事，故引参以代相。

王氏点评

君臣一志行王道以安天下，上下同心施仁政以保其国。萧何相汉镇国，家给馈饷，使粮道不绝，汉之杰也。卧病将亡，汉帝亲至病所，问卿亡之后谁可为相？萧何曰："诸将喜功好勋俱不可，惟曹参一人而可。"萧何死后，惠皇拜曹参为相，大治天下。此是同道相成，辅君行政之道。

译文

具有共同信仰、共同目标的人，能相互帮助，相辅相成。

黄石公智慧

俗话说，"兄弟同心，其利断金。"历史上有名的"桃园三结义"就反映了古人对兄弟齐心共同做一番事业的美好憧憬，虽然正史上对此没有记载，但小说本来就是对现实的艺术加工。

东汉末年，天下大乱。朝廷发布文告，下令招兵买马。榜文发到涿县，引出了三位英雄。刘备，是汉朝中山靖王刘胜的后代。一天，他边看榜文边长叹，忽听背后有人说："男子汉大丈夫不思为国出力，在这里叹什么气？"随后那人自报姓名说："我叫张飞，靠卖酒杀猪为生。"刘备说出自己姓名后说："我想为国出力，又感到力量不够，故而长叹！"

张飞说："这没什么可难的，我可以拿出家产，招兵买马，创建大业。"刘备听后非常高兴。二人来到一个小店，边喝酒边谈。正说得投机，门外突然来了一个红脸大汉，威风凛凛，相貌堂堂。刘备、张飞请他一同饮酒。交谈中得知，此人名关羽，因仗义除霸有家不能归，已流落江湖五六年了。三人各自抒发自己的志向，谈得十分投机。

隔日，三人来到一个桃园，点燃香烛，拜告天地，结为兄弟。按年龄刘备为大哥，关羽为二哥，张飞为三弟。此后，三人果然作出一番惊天动地的事业，打下了蜀汉江山。

刘关张兄弟三人之义始终不渝，"吃则同桌，睡则同寝"。关羽、张飞死了后，刘备拼了家国性命不要，也要为他们报仇，以全兄弟之义。当然，小说不是历史，但是这样的故事能在民间获得良好的反应，本身就表达了人们对兄弟之情的美好期望。"桃园结义"从涿州到荆州，展示出刘、关、张义结金兰、匡复汉室的基本轨迹，表现了他们义重如山、至死不渝、真挚而深厚的情谊，至今依然是海内外华人中广为流传的佳话。

原典

同艺相窥，同巧相胜。此乃数之所得，不可与理违。

张氏注曰

李醯之贼扁鹊，逢蒙之恶后羿是也。规者，非之也。公输子九攻，墨子九拒是也。自"同志"下皆所行，所可预知。智者，知其如此，顺理则行之，逆理则违之。

王氏点评

同于艺业者，相观其好歹；共于巧工者，以争其高低。巧业相同，彼我不伏，以相争胜。齐家治国之理，纲常礼乐之道，可于贤明之前请问其礼；听问之后，常记于心，思虑而行。离道者非圣，违理者不贤。

译文

同行同业之人，必然相互鄙视和攻击；同会一种技巧，必然相互争胜。

黄石公智慧

上古时代，后羿善射，逢蒙把他的技艺学到手后就杀了他；秦国的太医令李醯虽然没本事，却对扁鹊高明的医道非常嫉妒，在扁鹊巡诊到秦国时，派人刺杀了扁鹊。自古文人相轻，武夫相讥，这都是因为才能和技艺不相上下就不能相容所致。其实，真正有所成就的人，都是善于合作的人，合作共赢，古往今来始终是颠扑不破的真理。

如今，各个行业和产业的联系越来越紧密，纵使你再有本事，也不可能一个人把原料、生产、销售、物流和服务全都包揽下来，所以，不与别人合作是不可能的。在竞争激烈的商业社会中，精明的商人都倾向于寻求别人的加盟与合作，这无疑是明智的，而且要成大事必须借助外力。要保持和维护长期合作必然要求有双赢的结果，谁也不甘心花费了心血和精力最终却毫无所获，或者所获甚少。但人性往往如此，每个人都看到了自己对这份利益的重大贡献，自然就希望获得全部或者大多数利益，于是一场你死我活的争夺就开始了。

面对这些不可避免的矛盾和挑战，与其孤军奋战，不如联合起来大家共赢！即使利益的分配存在着不公，也不要过多地计较。因为如果对方很强大，为了征服对方你必然会耗费许多的精力和时间，也许你最终得到了自认为的公平，但是从长远看，你失去了一个合作伙伴。这样岂不是有些得不偿失？那就大度一些吧！有钱大家一起赚，有好处大家一起分，即使不能达到百分之百的公平，也不要耿耿于怀，这次让别人赚多一点，下次别人自然会让你多赚一点。

一个人无论经商还是做事，若想有所作为，都必须足够大度，这样才能在长期与他人良好合作的基础上，获得大的成功。

原典

释己而教人者逆，正己而化人者顺。

张氏注曰

教者以言，化者以道。老子曰："法令滋彰，盗贼多有。"教之逆者也。"我无为，而民自化；我无欲，而民自朴。"化之顺者也。

王氏点评

心量不宽,见责人之小过;身不能修,不知己之非为,自己不能修政,教人行政,人心不伏,诚心养道,正己修德。然后可以教人为善,自然理顺事明,必能成名立事。

译文

一面放纵自己的行为,一面假惺惺地教导别人,这是不可行的;只有先把自己的位置摆正了,才能更好地教化别人。

■ 黄石公智慧

在漫长的历史长河中,多少仁人志士、英雄豪杰为官清廉,不畏强权,尽自己的能力造福于民,从而使人生释放出奇异的光彩,被万世传颂。于是,以"德"育人与以"德"治国便有了紧密的联系。

德治是一种"榜样的力量"。官员是民众的带头人和引路人,理应成为大众的道德榜样。当然,作为榜样自然不能让自己的道德修养、思想境界停留在与老百姓同一水平上。也就是说,官应该比民有更高的道德要求,只有这样,才能在德治中发挥道德示范作用。如果官员自己贪图安逸,却要民众艰苦奋斗;自己以权谋私,却要民众克己奉公,那么显然就不可能端正社会风气,更不可能形成良好的政治局面。所以无论是做人还是做官,首先要有一个"正"字,而且要能够做到"正人先正己"。只要身居高位的人能够正己,那么他的手下的大臣和平民百姓,就都会归于正道。

"正人"是"使人正"的意思,"正"是说遵守规范,有正气、讲正义。但是,现实生活中,偏偏有人己不"正"而却要去"正"人。明明自己知识浅薄,还笑别人愚昧无知;明明自己对父母不管不问,还说别人大逆不道;明明自己利欲熏心,还嫌别人见利忘义;明明自己不注意社会公德，还怪别人没素质。捐款时，明明自己捐得不多，却嫌别人自私小气；劳动时，明明自己偷奸耍滑，还嫌别人好逸恶劳；见到不平事时，明明自己不去挺身而出，还说别人胆小怕事。这些人，总对别人身上的毛病万般挑剔、百般指责，对自己身上的缺点却毫无知觉，甚至视而不见；对别人的不良品行总是大谈特谈，对自己的不良习惯却闭口免谈；对别人总是"高标准、严要求"，对自己却放任自流；总觉得别人身上劣迹斑斑，自己身上尽善尽美，大有一副"看见别人黑，看不到自己黑"的态势。他们身上缺少的就是"先己后人"精神，即"正人先正己"。

欲正人先正己，所以想要"正人"，必须首先应从严于律己、宽以待人做起。遇事能设身处地为别人着想，自己不想承受的痛苦不要强加于人，以批评别人的态度批评自己，以原谅自己的态度宽待他人。如果人人都能先"正己"，从现在做起，从点滴做起，那和谐社会的形成也就指日可待了。

■ 原典

逆者难从，顺者易行；难从则乱，易行则理。如此理身、理家、理国可也。

张氏注曰

天地之道，简易而已；圣人之道，简易而已。顺日月，而昼夜之；顺阴阳，而生杀之；顺山川，而高下之；此天地之简易也。顺夷狄而外之，顺中国而内之；顺君子而爵之，顺小人而役之；顺善恶而赏罚之。顺九土之宜，而赋敛之；顺人伦，而序之；此圣人之简易也。夫乌获非不力也，执牛之尾而使之却行，则终日不能步寻丈；及以环桑之枝贯其鼻，三尺之绳縻其颈，童子服之，风于大泽，无所不至者，盖其势顺也。大小不同其理则一。

王氏点评

治国安民，理顺则易行；掌法从权，事逆则难就。理事顺便，处事易行；法度相逆，不能成就。详明时务得失，当隐则隐；体察事理逆顺，可行则行；理明得失，必知去就之道。数审成败，能识进退之机；从理为政，身无祸患。体学贤明，保终去关。

译文

做事如果违背事理，就难以施行，并且做到最后会乱七八糟不可收拾；如果顺着"道"的规律行事就会有条不紊万事亨通；明白了这些，无论是修身、持家还是治国都会得心应手，无往而不胜。

■ 黄石公智慧

老子曾说：一个国家的法令愈是苛暴烦杂，强盗奸贼就会越多。这就是因为逆天道而教导民众就要出现天下大乱的局面。老子还说：为人主者清静无为，老百姓自然而然会走上文明的轨道；为人主者清心寡欲，老百姓自然而然会驯服安分。这就是因顺天道而以德化人，国力、民风必将日益改观，天下大治，富强繁荣的局面迟早会出现。

天道、地道的生成发展和变化，其实是非常简单易知的。圣人推崇的人道也是一样。顺从太阳的晨起暮落，月亮的盈亏圆缺，才有昼夜四时循环不已的规律；顺应宇宙阴阳反正的法则，万物生死相替，自然界才会有永不止息的无限生机。这都是大自然的客观规律。

聪明的人做事都知道顺乎自然，把握规律，不盲目、不妄为。如果随意为之，不管不顾，其结果必然"大逆不道"，一败涂地。做人做事尤其要如此，切记多观察，把握事情内在之道，掌握好力度，不可逆风行船，唯如此，方可一顺百顺，万事大吉。如果不顾一切地按照自己的主观意志蛮干，就必然会失败。

庖丁为梁惠王宰牛。手到的时候，肩倚的时候，脚踩的时候，膝顶的时候，声音十分和谐，就如美妙的音乐一般，合于尧时的经首旋律；动作也很有节奏，就像优美的桑林舞蹈。

梁惠王看得出了神，称赞说："哈，好啊！你的技术是怎么达到这样高超的地步的呢？"

庖丁放下刀对梁惠王说："我喜欢探求，因此比一般的技术又进了一步。我开始解剖牛的时候，看到的无非是一头整牛，不知道牛身体的内部结构，不知道从什么地方下手。三年以后，我眼前出现的是牛的骨缝空隙，就不再是一头整牛。到了今天，我宰牛就全凭感觉了，不需要再用眼睛看来看去，就能知道刀应该怎么运作。牛的肌体组织结构都是有一定规律的，我进刀的地方都是肌肉和筋骨的缝隙，从不碰牛的骨头，更不用说碰大骨头了。技术高明的厨师，一年换一把刀，因为他是用刀割。一般的厨师，一个月就更换一把刀，因为他是用刀砍。而我宰牛的这把刀，已经用了十九年；所宰的牛，已经有几千头，然而刀口锋利得仍然像刚在磨石上磨过的一样。这是为什么呢？就因为牛的肌体组织结构之间有空隙，而刀口与这些空隙比起来，薄得好像一点厚度也没有。用没有厚度的刀在有空隙的肌体组织间运行，当然绰绰有余！所以十九年过去了，我的刀还跟新的一样。虽然我的技术已达到了这种程度，但我在解剖牛的时候，还是丝毫不敢马虎，总是小心翼翼，心神专注，进刀时不匆忙，用力时不过猛，牛体迎刃而解，牛肉就像一摊泥土一样从骨架上滑落到地上。这时，我才松下一口气来，提刀站立，顾视一下四周，心满意足地把刀擦拭干净，收藏起来。"

由此可见，世间一切事物，都有它自身的规律，掌握了事物的规律，无论修身、理家、治国都可以得心应手。